o amor do soldado

COLEÇÃO JORGE AMADO

Conselho editorial
Alberto da Costa e Silva
Lilia Moritz Schwarcz

Coordenação editorial
Thyago Nogueira

O país do Carnaval, 1931
Cacau, 1933
Suor, 1934
Jubiabá, 1935
Mar morto, 1936
Capitães da Areia, 1937
ABC de Castro Alves, 1941
O Cavaleiro da Esperança, 1942
Terras do sem-fim, 1943
São Jorge dos Ilhéus, 1944
Bahia de Todos-os-Santos, 1945
Seara vermelha, 1946
O amor do soldado, 1947
Os subterrâneos da liberdade
   Os ásperos tempos, 1954
   Agonia da noite, 1954
   A luz no túnel, 1954
Gabriela, cravo e canela, 1958
De como o mulato Porciúncula descarregou seu defunto, 1959
Os velhos marinheiros ou O capitão-de-longo-curso, 1961
A morte e a morte de Quincas Berro Dágua, 1961
O compadre de Ogum, 1964
Os pastores da noite, 1964
As mortes e o triunfo de Rosalinda, 1965
Dona Flor e seus dois maridos, 1966
Tenda dos Milagres, 1969
Tereza Batista cansada de guerra, 1972
O gato malhado e a andorinha Sinhá, 1976
Tieta do Agreste, 1977
Farda, fardão, camisola de dormir, 1979
O milagre dos pássaros, 1979
O menino grapiúna, 1981
A bola e o goleiro, 1984
Tocaia Grande, 1984
O sumiço da santa, 1988
Navegação de cabotagem, 1992
A descoberta da América pelos turcos, 1992
Hora da Guerra, 2008

o amor do soldado
*história de um poeta e
sua amante (em um prólogo,
três atos e um epílogo)*

JORGE AMADO

TEATRO

Posfácio de Aderbal Freire-Filho

Copyright © 2011 by Grapiúna Produções Artísticas Ltda.
1ª edição, Editora do Povo, Rio de Janeiro, 1947

Grafia atualizada segundo o Acordo Ortográfico da Língua Portuguesa de 1990, que entrou em vigor no Brasil em 2009.

Consultoria da coleção Ilana Seltzer Goldstein

Projeto gráfico Kiko Farkas e Mateus Valadares/ Máquina Estúdio

Pesquisa iconográfica do encarte Bete Capinan

Imagens de capa © Castro Alves aos 16 anos/ Faculdade de Direito da Universidade de São Paulo; © Luiza Chiodi/ Companhia Fabril Mascarenhas (chita); © Acervo Fundação Casa de Jorge Amado (orelha). Todos os esforços foram feitos para determinar a origem das imagens deste livro. Nem sempre isso foi possível. Teremos prazer em creditar as fontes, caso se manifestem.

Cronologia Ilana Seltzer Goldstein e Carla Delgado de Souza

Preparação e assistência editorial Cristina Yamazaki

Revisão Jane Pessoa e Ana Luiza Couto

Texto estabelecido a partir dos originais revistos pelo autor. Os personagens e as situações desta obra são reais apenas no universo da ficção; não se referem a pessoas e fatos concretos, e não emitem opinião sobre eles.

Dados Internacionais de Catalogação na Publicação (CIP)
(Câmara Brasileira do Livro, SP, Brasil)

Amado, Jorge, 1912-2001.
O amor do soldado : história de um poeta e sua amante : (em um prólogo, três atos e um epílogo) : teatro / Jorge Amado; posfácio de Aderbal Freire-Filho. — São Paulo : Companhia das Letras, 2011.

ISBN 978-85-359-1869-4

1. Teatro brasileiro I. Freire-Filho, Aderbal. II. Título.

11-04064   CDD-869.92

Índice para catálogo sistemático:
1. Teatro: Literatura brasileira   869.92

Diagramação Spress
Papel Pólen Soft
Impressão RR Donnelley

[2011]
Todos os direitos desta edição reservados à
EDITORA SCHWARCZ LTDA.
Rua Bandeira Paulista 702 cj. 32
04532-002 — São Paulo — SP
Telefone (11) 3707-3500
Fax (11) 3707-3501
www.companhiadasletras.com.br
www.blogdacompanhia.com.br

A Clóvis Graciano,
mestre da pintura e da amizade.

NOTA

Esta peça foi escrita em 1944 por solicitação de Bibi Ferreira que, tendo dissolvido sua companhia, não chegou a levá-la à cena. Em 1947 foi ela publicada em volume, sob o título de *O amor de Castro Alves*. Ao reeditá-la, resolveu o autor dar-lhe o título atual e definitivo.

Rio, maio de 1958.
J. A.

PERSONAGENS

AUTOR
EUGÊNIA CÂMARA
Um ator da Companhia Furtado Coelho
Adelaide Amaral
Tobias Barreto
CASTRO ALVES
Caú (mucama de Eugênia)
Maciel Pinheiro
Rui Barbosa
Um negro velho
Fagundes Varela
Antônio Borges da Fonseca
Joaquim Nabuco
Furtado Coelho
Estudantes, homens, mulheres, espectadores de teatro

(A cena decorre entre 1866 e 1870)

PRÓLOGO

PRIMEIRA FALAÇÃO DO AUTOR

O pano ainda está descido, mas já foram dados os sinais para começar o espetáculo. O autor vem da entrada do teatro, atravessa a plateia e sobe ao palco. Veste com sobriedade e não traz nenhuma caracterização. Chegando ao palco o

AUTOR [*começa a falar*]
Desculpai-me se me atrasei um pouco. Ouvia no rádio os últimos telegramas. Um sopro de liberdade atravessa o mundo. Mas, vamos ao que importa... Esta Companhia e eu resolvemos vos contar hoje a vida de Castro Alves, o poeta. Acreditamos que, nestes tempos dramáticos em que homens de todas as raças lutam pelo direito à liberdade, maior bem dos homens, sem o qual a vida não é digna de ser vivida, o exemplo de Castro Alves, construtor de democracia, merecia ser apontado mais uma vez. Ele foi, nos breves e eternos vinte e quatro anos que passou entre nós, o maior criador de beleza e o maior criador de liberdade que jamais possuímos. Hoje os nossos soldados lutam em terras estrangeiras pela democracia. São jovens como ele e estão animados dos mesmos nobres

sentimentos que o animaram. Em honra aos soldados expedicionários brasileiros trazemos à cena a vida do poeta libertário e libertador.

Necessitamos da vossa ajuda. Não é fácil prender nos limites de um palco a vida de Castro Alves que se processou sempre na praça pública, à frente da multidão. Ele não agiu como a maioria dos poetas que se tranca nos gabinetes de trabalho à espera da inspiração. Não foi apenas um poeta da liberdade, foi também um militante da liberdade. Seu lugar era à frente do povo. Sua arte, ele a colocou a serviço da Pátria e da humanidade.

Hoje ides ser assistentes, mas desejamos também a vossa colaboração. Deveis ser também figurantes, homens do meado do século passado, que ouviram o verbo inflamado de Castro Alves nos teatros e nas praças do Recife, da Bahia, do Rio de Janeiro, de São Paulo. Num tempo em que os negros eram escravos e a República, um sonho de idealistas.

Para começar eu vos peço que imagineis estar não neste teatro, mas, sim, no Teatro Santa Isabel, do Recife, no distante ano de 1866. Em cena vereis não esta companhia e sim a de Furtado Coelho da qual Eugênia Câmara é primeira atriz e Adelaide Amaral, a segunda. Entre vós estarão alguns jovens estudantes que seriam, depois, dos maiores homens do Brasil: Castro Alves, Rui Barbosa, Tobias Barreto, Maciel Pinheiro, muitos outros. É assim que começa a nossa história...

[Durante as últimas palavras do autor começa a subir o pano. O autor retira-se pelos bastidores.]

QUADRO ÚNICO

A cena representa o palco do Teatro Santa Isabel, no Recife. A Companhia Furtado Coelho representa a peça *Os jesuítas*, de José de Alencar. Eugênia Câmara faz o papel de Constança, Furtado Coelho faz o papel de Samuel. Adelaide Amaral faz o papel de Inês. Um outro ator faz o papel de Estevão. Tomam parte no quadro, além dos atores no palco, a claque do teatro, dividida em partidários de Eugênia Câmara e partidários de Adelaide Amaral, e atores espalhados em meio à plateia. Na plateia, como um espectador, está Tobias Barreto. Num camarote, também como um espectador, está Castro Alves.

CENA ÚNICA

Ao levantar o pano o palco representa o cenário do primeiro ato de *Os jesuítas*. (*Um pequeno campo coberto de arvoredo nas faldas do morro do Castelo, e defronte do convento de Ajuda, ainda não acabado.*) A representação vai em meio. Em cena Eugênia Câmara, no papel de Constança, e um ator no papel de Estevão. Depois Furtado Coelho no papel de Samuel, e Adelaide Amaral no papel de Inês. Os atores devem representar ao jeito da época.

ATOR [*no papel de Estevão*]
Lembre-se, Constança, que sou enjeitado; não recebi de meus pais nem a herança que o mendigo deixa a seu filho: um nome.

EUGÊNIA [*no papel de Constança*]
E que me importa isso?... [*olhando para um camarote onde está Castro Alves apaixonado*] No mundo não existe outro homem para mim; [*a declaração de Eugênia parece dirigida exclusivamente a Castro Alves*] não conheço a ninguém mais. Nobreza,

cabedais não valem para mim o seu coração. [*Eugênia diz essas palavras com voz apaixonada, os olhos fitos em Castro Alves*]

ATOR [*Estevão*]
Obrigado, Constança, obrigado! Eu a encontro como a sonhei! Mas é preciso que me eleve à altura do seu amor, e o conseguirei. A sociedade deserdou-me; minha família renegou-me, mas Deus me deu coragem para lutar com meu destino e vencê-lo. Tranquilize-se, não me esperará muito tempo.

EUGÊNIA [*Constança*]
Oh!... Eu lhe peço!... Vai matar-me!

ATOR [*Estevão*]
Então não me estima!

EUGÊNIA [*Constança*]
Não diga isso, Estevão.

ATOR [*Estevão*]
Se me estima, deve ter a coragem do sacrifício. Cuida que também a mim não custa esta separação?

EUGÊNIA [*Constança*]
Sim, sim!... Eu terei coragem, já que é preciso.

ATOR [*Estevão*]
Agora, antes de nos separarmos, uma última graça.

EUGÊNIA [*Constança*] [*olhando para Castro Alves no camarote*]
O quê, meu amigo?

ATOR [*Estevão*] [*ajoelhando-se*]
Abençoe-me; Deus falará por seus lábios; e sua palavra cairá sobre mim como a unção divina.

EUGÊNIA [*Constança*] [*beijando-o na fronte*]
Adeus!

[*Furtado Coelho, no papel de Samuel, aparece ao fundo*]

ATOR [*Estevão*] [*erguendo-se*]
Ah! tu me santificaste, Constança. Sou outro homem; sinto-me com forças de fazer impossíveis. Levo tua alma neste beijo; eu a restituirei depondo a teus pés minha vida inteira. [*abraça-a*]

FURTADO COELHO [*no papel de Samuel*]
Tua vida, meu filho, já não te pertence.

EUGÊNIA [*Constança*]
Ah! [*olha atrevidamente para Castro Alves*]

ATOR [*Estevão*]
Senhor!

FURTADO COELHO [*Samuel*]
Por que vos assustais, Constança? Minha presença não deve inquietar-vos. Um pai é sempre bem-vindo quando se trata da felicidade de seu filho. A afeição que tenho a Estevão envolve todos que lhe são caros, como vós, Constança.

ADELAIDE AMARAL [*no papel de Inês, entrando*]
Senhor, eu... [*Para ao ver Estevão e Constança. Das torrinhas os seus partidários começam a aplaudir delirantemente aos gritos de "Adelaide Amaral! Adelaide Amaral!". Adelaide, do palco, agradece. A outra parte das torrinhas revida aos gritos de "Eugênia Câmara! Eugênia Câmara!". Com os gritos a representação fica impossibilitada de continuar. Os atores em cena estão parados. Adelaide e Eugênia agradecem as ovações. Os partidários de Adelaide vaiam Eugênia e vice-versa. No meio da plateia*

levanta-se Tobias Barreto que sobe à cadeira onde estava sentado, sendo ruidosamente aclamado pelos partidários de Adelaide, que gritam "Viva Tobias Barreto!".]

TOBIAS BARRETO [*pede silêncio com as mãos e, quando consegue relativo abrandamento da gritaria, começa a declamar, dirigindo-se a Adelaide Amaral*]

> *Sou grego, pequeno e forte*
> *Da força do coração,*
> *Vi de Sócrates a morte*
> *E conversei com Platão;*
> *Sou grego; gosto das flores,*
> *Dos perfumes, dos rumores;*
> *Mas minh'alma inda tem fé,*
> *Não sonho, não me embriago*
> *Nos banquetes de Friné...*

[*Lança o último verso, voltado para o camarote onde está Castro Alves, como um desafio. Os partidários de Adelaide aclamam Tobias, gritam seu nome e o da atriz, aplaudem, enquanto os partidários de Eugênia clamam por Castro Alves, gritando o seu nome.*]

CASTRO ALVES [*levantando-se no camarote sob as aclamações dos partidários de Eugênia e as vaias dos partidários de Adelaide. Do palco Eugênia atira-lhe um beijo. Declama, voltado para Tobias que continua de pé na plateia*]

> *Sou hebreu, não beijo as plantas*
> *Da mulher de Potifar...*

[*Grande ovação dos partidários de Eugênia. Gritos, confusão. Castro Alves dirige-se agora a Eugênia, no palco.*]

> *Ainda uma vez tu brilhas sobre o palco,*

Ainda uma vez eu venho te saudar...
Também o povo vem rolando aplausos
Às tuas plantas mil troféus lançar...

[*aumentam os aplausos e as vaias, das torrinhas atiram flores, cartolas etc., sobre o palco, enquanto cai lentamente o*
                              PANO

PRIMEIRO ATO

PRIMEIRA FALAÇÃO DO AUTOR

AUTOR [*entrando pela direita, antes do pano subir, anda até o meio do palco, de onde fala*]
   Estes duelos poéticos duraram todo o ano de 66. Castro Alves e Tobias Barreto disputavam a liderança dos estudantes da Faculdade de Direito do Recife. Mas Tobias tinha compromissos com os latifundiários escravocratas da época. E silenciou o problema maior do Brasil do seu tempo, que era o dos negros escravos. Reformador de toda a cultura brasileira, este gigante mulato não quis ver os escravos negros que gemiam nas senzalas...

UM ESPECTADOR [*levantando-se de uma cadeira em meio à plateia e interrompendo*]
   Como certos democratas que lutam contra o nazismo alemão e fecham os olhos para o fascismo de Franco, na Espanha...

AUTOR [*agradecendo a interrupção com um gesto*]
   Mais ou menos isso... Castro Alves, ao contrário, jogava-se por inteiro na luta pela libertação dos negros. Não apenas a sua poesia, colocada toda ela a serviço da Abolição, mas também o seu esforço cotidiano de homem que se entregou

apaixonadamente a uma causa. Funda, com Rui Barbosa, a primeira sociedade abolicionista do Brasil, para dar fuga, proteção e destino aos negros escravos. Desafiou o poder dos senhores de engenho, desafiou os donos da vida. O amor de Eugênia dava-lhe forças. Certa noite ela lhe entregara a chave de sua casa e de seu coração. E despedira o amante anterior, o rico português Veríssimo Chaves, que lhe pagava o luxo. Naquela noite, que devia ser a sua primeira noite de amor, ela o esperava ansiosa. Porém...

[*Com as últimas palavras do autor começa a subir o pano. O autor sai pela esquerda para os bastidores.*]

PRIMEIRO QUADRO

Sala de estar em casa de Eugênia Câmara. Portas à direita e à esquerda, portas e janelas ao fundo, dando para a rua. Mobiliário ao gosto da época. Num canto da sala um piano coberto com um grande xale espanhol. Certa desordem boêmia.

CENA PRIMEIRA

Em cena, Eugênia Câmara e Furtado Coelho, no fim a mucama Caú. Eugênia está sentada, vestida elegantemente com a roupa com que veio do teatro. Furtado Coelho está de pé, junto ao piano, ao qual se encosta. Quarentão elegante e bem vestido.

FURTADO COELHO [*batendo com um dedo numa das teclas do piano, arrancando um som grave*]
    E vais viver de amor, Eugênia? Ou pensas que o teu ordenado na minha Companhia bastará para todos os teus doidos caprichos, tua sede de luxo, tua mania de joias, teus sapatos caros e teus vestidos que custam uma fortuna? Aviso-te que não tenho a mínima intenção de te aumentar o ordenado... [*breve silêncio. Eugênia fita Furtado Coelho entre curiosa e irônica*] Creio que te conheço bem, Eugênia. Responde-me: que loucura é essa?

EUGÊNIA [*que se exalta ao ouvir as últimas palavras*]
    Não vês que estou apaixonada, não compreendes que finalmente encontrei o amor?

FURTADO COELHO [*a voz tranquila e mansa*]
O amor? Encontraste-o? [*breve silêncio*] Pois, Eugênia, eu pensava que amasses o teatro...

EUGÊNIA [*como quem não compreende*]
E eu o amo! E que tem isso?

FURTADO COELHO [*como quem conta uma história*]
Faz muitos anos já que te dei a mão e que te ajudei. Eras uma rapariga pobre e ambiciosa querendo fazer teatro em Lisboa. Recordas? Eu te expliquei pacientemente o que era esta vida. Eras quase uma menina e eu te abri os olhos. Pensei que houvesses aprendido. Vejo que perdi o meu tempo e o meu latim... Apaixonada... Que loucura é esta? Disseram-me que mandaste embora a Veríssimo Chaves. Será mesmo verdade?

EUGÊNIA [*voz firme*]
É verdade. Mandei-o embora e não quero mais vê-lo. [*há uma pausa, durante a qual Furtado Coelho olha Eugênia com curiosidade*] Não me olhes assim como se eu fosse um bicho raro... Ou será que nós, as atrizes, não podemos amar? Não teremos por acaso direito ao amor? Somos piores que as outras mulheres? Temos alguma determinada marca? Será que apenas podemos nos entregar aos que podem nos dar luxo e nunca alegria? Só agora, Furtado, sinto quanto me vendi ao entregar-me a Veríssimo Chaves... Tinha, sim, tudo que disseste: dinheiro, luxo, vestidos e joias, passeios e mucamas. Só me faltava uma coisa: o amor...

FURTADO COELHO [*arrancando um acorde do piano*]
O amor... Mania como outra qualquer... [*andando para Eugênia*] Sou vinte anos mais velho que tu, Eugênia. Há mais de vinte também que estou no teatro. Em Portugal e no Brasil, em todas as grandes cidades, não há quem não conheça

Furtado Coelho. Ninguém nestas terras entende tanto de teatro quanto eu...

EUGÊNIA
É verdade...

FURTADO COELHO [*sentando-se ao lado de Eugênia*]
E ninguém possui, tampouco, maior experiência de atores e atrizes.

EUGÊNIA
Também é verdade...

FURTADO COELHO
Perguntas se temos certa marca que nos incapacita para o amor. E eu te respondo que sim, que nós a possuímos, esta terrível marca... Não é possível, Eugênia, a ninguém devota-se a dois amores ao mesmo tempo. Ou bem se ama ao teatro e a ele dedicamos a nossa vida, ou bem amamos a uma pessoa e arruinamos a nossa carreira. Só os amadores podem se dedicar a algo mais que o teatro. Mas aqueles que, como tu e eu, nascem para o palco, ah! Eugênia, esses são marcados com aquela marca terrível de que falaste. Como ferro em brasa em ombro de negro escravo...

EUGÊNIA
Isso é ridículo, Furtado...

FURTADO COELHO
Ridículo? Pode ser... mas nem por isso deixa de ser verdade. Construíste a tua carreira à custa de muito sacrifício. És hoje uma atriz consagrada e podes vir a ser, talvez, a primeira atriz portuguesa do teu tempo. Eu te pergunto, Eugênia: vais jogar tudo isso fora?

EUGÊNIA [*levantando-se. Anda em silêncio pela sala, para, fita Furtado Coelho, pergunta com voz alterada*]
Afinal que vieste fazer aqui? O que te trouxe?

FURTADO COELHO [*levantando-se também. Anda para o piano, do qual de quando em vez arranca um acorde em meio a uma frase. Fala de costas para Eugênia*]
Nasceste para o teatro, Eugênia, e o teatro exige fidelidade. Podes pensar o que quiseres de mim e das razões que aqui me trouxeram. Mas eu te digo que vim simplesmente porque te estimo e admiro a tua carreira.

EUGÊNIA [*a voz ligeiramente irônica*]
Não tenho palavras para agradecer...

FURTADO COELHO
Dispenso as ironias... Vim apenas para te dizer uma coisa: não se pode, Eugênia, amar ao mesmo tempo ao teatro e ao amor. Teu segredo é o meu segredo. Recordas quando me disseste, há muitos anos, que eu jamais amaria realmente mulher alguma?

EUGÊNIA
Foi quando compreendi que não me amavas...

FURTADO COELHO
Pois bem: tinhas razão. Jamais amei a quem quer que fosse. Amo exclusivamente ao teatro. Porque esse é o nosso segredo, o segredo do nosso êxito de atores: só temos amado com verdadeiro amor a nossa arte, a nossa profissão... [*pausa*] Pensei que já o houvesses aprendido... [*tira toda uma escala ao piano*]

EUGÊNIA [*voltando a sentar-se, pensativa*]
Pode ser que tenhas razão, Furtado. Pode ser também que

apenas tenhas medo de que eu abandone a Companhia. De qualquer maneira vou conciliar meus dois amores... O teatro e Castro Alves...

FURTADO COELHO [*irônico*]
Medo de que abandones a Companhia... [*voltando-se para Eugênia*] Certamente tu a abandonarás se em verdade o amas... Não podem coexistir dois amores num único coração humano, Eugênia. É impossível!

EUGÊNIA
Não me convences...

FURTADO COELHO
Vim para te salvar, enquanto é tempo. Deixa essa ilusão de amor antes que ela crie raízes em teu coração. E entrega-te de corpo e alma ao trabalho. Assim talvez venhas, algum dia, a ser a primeira atriz portuguesa...

EUGÊNIA
Houve um tempo em que pensei assim, Furtado. As palavras que estás pronunciando agora, eu as repetia diariamente a mim mesma. Nunca enganei os meus amantes... Eles sabiam que acima de qualquer casual ligação estava o teatro e que, quando a Companhia partisse, tudo teria terminado. Noutra cidade, havia sempre alguém, rico e bem-posto, que suspirava por Eugênia Câmara e que pagava seu luxo. Porém o meu coração estava sempre com o teatro...

FURTADO COELHO [*sentando-se ao lado de Eugênia e tomando--lhe da mão*]
E então?

EUGÊNIA
Tudo isso é fácil de dizer e de realizar, meu amigo, enquanto

não se ama. Enquanto os amantes são ligações casuais. Mas, quando o amor chega e nos domina, ah! então tudo se torna diferente e difícil... Não, Furtado, eu quero conciliar o teatro e o amor e o conseguirei... Tenho força de vontade, tu o sabes. E estou doida por ele, doida, doida...

FURTADO COELHO [*sarcástico*]
  Pareces uma jovem da rua Nova, em Lisboa, esperando o prometido...

EUGÊNIA
  Pensa o que quiseres...

FURTADO COELHO
  Não penso nada. [*levanta-se*] Apenas lastimo a excelente atriz que vamos perder...

EUGÊNIA
  Mas ele não vai pedir que eu abandone o teatro...

FURTADO COELHO [*andando para o piano*]
  Ele talvez não. Mas o amor te pedirá...

EUGÊNIA
  Não queiras impressionar-me... Não vou deixar o teatro, não vou abandonar a minha carreira. Mas tampouco estou disposta a permitir que o amor passe a meu lado e me solicite sem que eu corra pressurosa ao seu encontro...

FURTADO COELHO
  Sabes quem ele é? [*arranca um acorde ao piano*]

EUGÊNIA
  E como não havia de sabê-lo?

FURTADO COELHO [*novamente arrancando sons do piano, enquanto fala*]
Não, tu não o sabes. Pensas que é Castro Alves, o estudante que escreve versos. E te enganas como jamais te enganaste... É Castro Alves, o poeta, o abolicionista, o chefe das sociedades para libertar negros, o republicano, o revolucionário... E ele também tem uma paixão...

EUGÊNIA [*a voz vibrante*]
Uma paixão?

FURTADO COELHO
Eis o amor mais perigoso entre quantos já observei. Tu queres ao teatro e ele ama a liberdade! Um dos dois será fatalmente sacrificado. E temo que sejas tu que és a mais fraca. Ouve o que te digo, Eugênia, ouve com atenção e humildade: este moço não é um qualquer...

EUGÊNIA
Eu o sei...

FURTADO COELHO
Vim para te dizer isso... Apenas... Ou tu serás infinitamente desgraçada, abandonando tudo para segui-lo e sem nunca possuí-lo inteiramente, ou tu o desgraçarás porque então irás abandoná-lo quando já não for tempo de fazê-lo. [*pausa*] Mil vezes ele te deixará pela liberdade e tu não poderás deixá-lo nunca, porque o matarás se o deixares.

EUGÊNIA [*assustada*]
Queres me meter medo...

FURTADO COELHO
Não, estás enganada. Quero apenas te advertir. O amor não se compra barato, Eugênia. É mercadoria cara, muitas vezes

custa a própria vida. Ou a tua ou a dele... Entre vocês dois está o teatro que te chama e está a liberdade que é a paixão do poeta...

EUGÊNIA [*decidida, levantando-se*]
Não importa! Eu o amo, ele me ama, é o bastante. Não tenho medo desta rival que me arranjaste, Furtado Coelho. Se fosse outra mulher, então, sim, talvez eu tivesse algum receio. A liberdade... Não é sequer uma coisa palpável e visível, é apenas um sentimento, uma palavra, e as palavras o vento as leva... Agora ele me terá...

FURTADO COELHO [*voz irônica, acorde ao piano*]
És palpável e visível...

EUGÊNIA
... para mim escreverá seus versos... Será meu, somente meu... Serei sua musa...

FURTADO COELHO
Escreverá versos para ti, sem dúvida. Mas a sua musa jamais será outra senão a liberdade! Jamais, Eugênia... E teu verdadeiro amante jamais será outro senão o teatro. Sois ambos criaturas marcadas e essa marca é daquelas que nunca saem, que jamais se apagam, mesmo sob o manto do mais ardente amor.

EUGÊNIA
Furtado, cala-te, eu te peço... Nada conseguirás de mim... Estou decidida e seguirei meu destino...

FURTADO COELHO [*tirando toda uma escala ao piano*]
Se estás decidida nada me resta fazer senão ir-me embora... Que sejas feliz! [*para dentro, chamando*] Caú! Caú!

CAÚ [*a mucama é uma mulata jovem e bonita*]
    Chamou, ioiô Furtado? [*enquanto fala anda para o centro do palco*]

FURTADO COELHO
    Meu chapéu e minha bengala... [*para Eugênia, enquanto recebe das mãos da mucama a bengala e o chapéu*] Pelo menos aceita este conselho meu: manda afinar o piano... Está que é uma desgraça... [*tira um último acorde do piano, belisca o rosto da mucama, dá adeus a Eugênia*] Até amanhã. [*sai pelo fundo*]

EUGÊNIA
    Até amanhã... [*falando para si mesma*] Afinal fico sem saber o que ele queria realmente... Talvez se interesse mesmo por mim e por minha carreira, talvez tenha apenas medo que eu deixe a Companhia... Nunca se pode saber quando ele fala a verdade e quando representa. Ora, a liberdade... Uma perigosa rival... [*rindo*] Nunca ouvi nada tão disparatado...

CAÚ
    O quê, iaiá?

EUGÊNIA [*tomando conhecimento da presença da mucama e levantando-se*]
    Nada, Caú... Vem me ajudar a aprontar-me para esperá-lo. Ah! Caú, como ele é formoso... É o homem mais belo do mundo... Se tu o visses no teatro, de pé no camarote, os grandes olhos, a negra cabeleira, aquela boca feita para beijos, aquela boca que sabe dizer tanta coisa maravilhosa... É um poeta, Caú... Tu sabes o que é um poeta? [*enquanto fala, Eugênia, em companhia da mucama, anda para uma das portas laterais por onde saem ao pronunciar as últimas palavras*]

CENA SEGUNDA

A cena fica vazia durante segundos. Depois em cena Caú, Maciel Pinheiro e Eugênia Câmara. Ouvem-se palmas na porta ao fundo, onde aparece a figura de Maciel Pinheiro, estudante e poeta, jovem e elegante.

CAÚ [*gritando dos bastidores*]
 Quem é?

MACIEL PINHEIRO [*da porta*]
 É de paz.

CAÚ [*entrando pela porta lateral, andando até a porta do fundo*]
 Boa noite.

MACIEL PINHEIRO [*dando um passo em direção à mucama*]
 Boa noite. Pode me informar se o senhor Antônio de Castro Alves se encontra aqui?

CAÚ
 Quem?

MACIEL PINHEIRO
O poeta Castro Alves...

CAÚ
Não conheço...

EUGÊNIA [*surgindo na porta lateral. Veste um déshabillé, os cabelos soltos*]
Eu conheço. Deixa, Caú, o moço entrar e retira-te. [*a mucama dá passagem a Maciel Pinheiro e sai pela porta lateral*]

MACIEL PINHEIRO [*vindo para o meio da cena, chapéu na mão, curva-se numa reverência*]
Perdoe, senhora, incomodá-la. A hora é imprópria mas o assunto é urgente. Procuro o meu amigo Castro Alves e disseram-me que ele poderia ser encontrado aqui. Sou Maciel Pinheiro, estudante e poeta...

EUGÊNIA
Já o conhecia de nome, senhor, e várias vezes tive ocasião de admirá-lo declamando no teatro. Também Castro Alves já me falou de si... Ele ainda não chegou, se bem que, em verdade, deva vir hoje aqui... [*romântica*] Pela primeira vez...

MACIEL PINHEIRO
Perdoa-me mais uma vez então, senhora. Não fora urgente e importante o que tenho com ele a conversar e não ousaria ser importuno vindo procurá-lo aqui. Mas há assuntos, senhora, que estão acima dos vulgares preconceitos da boa educação. Permita-me, senhora, que lhe beije a mão ao despedir-me. [*adianta-se para cumprimentá-la. Eugênia, porém, o detém com um gesto*]

EUGÊNIA
Ainda um minuto, senhor Maciel Pinheiro. Se não é segredo,

peço-lhe que me diga que assunto urgente e importante é este que o faz passar sobre os vulgares preconceitos da boa educação...

MACIEL PINHEIRO
Não deixa de ser um segredo, senhora, mas posso adiantar-vos que se trata de algo muito importante para o bom andamento da campanha abolicionista. Certos acontecimentos sucedidos esta noite fazem indispensável a presença de Castro Alves...

EUGÊNIA
Indispensável? Por quê?

MACIEL PINHEIRO
Ah! senhora, não podeis imaginar o que ele representa para a campanha de libertação dos escravos. Só ele sabe o que fazer nos momentos críticos... Foi ele quem fundou, com Rui Barbosa, a primeira sociedade abolicionista. Nele é que os negros confiam, ele é que sabe dos esconderijos onde colocar os negros fugidos e ninguém melhor que ele para discutir com a polícia dos senhores de escravos...

EUGÊNIA
Ninguém melhor que ele? E por quê, senhor Maciel Pinheiro?

MACIEL PINHEIRO
Ah! senhora, por que não o sei, ninguém o sabe... Talvez porque ele seja um predestinado para a liberdade...

EUGÊNIA
Predestinado para a liberdade... Estranha frase, senhor Maciel Pinheiro. Que quereis dizer com isso?

MACIEL PINHEIRO
É que a liberdade, senhora, ele a traz no coração. Assim como

nós trazemos no coração a imagem da mulher que amamos, assim...

EUGÊNIA [*bruscamente*]
Basta, senhor! Eu compreendo...

MACIEL PINHEIRO [*curvando-se*]
Senhora, não foi...

EUGÊNIA
Não vos desculpeis, senhor. Não tendes necessidade de fazê-lo. Apenas tereis que passar hoje sem Castro Alves...

MACIEL PINHEIRO
Porém a sua presença é indispensável...

EUGÊNIA
Castro Alves tem hoje um compromisso comigo, senhor Maciel Pinheiro.

MACIEL PINHEIRO
Num sobradinho distante ele tem, senhora, um compromisso com a liberdade...

EUGÊNIA
Eu vos aconselho, senhor, a resolver o vosso assunto sem esperar por Castro Alves. Boa noite, senhor Maciel Pinheiro... [*estende a mão para Maciel Pinheiro em despedida*]

MACIEL PINHEIRO [*beijando a mão de Eugênia*]
Boa noite, senhora. Espero vir a merecer algum dia vosso perdão... [*retirando-se, fala da porta*] Prometo-vos, no entanto, que pela manhã, ao mais tardar, Castro Alves vos será restituído... [*sai*]

EUGÊNIA
Esperai, senhor! Que dizeis? [*pausa. Eugênia anda para a porta do fundo, perscruta a escuridão da rua, volta*] Veremos... Foi ele mesmo quem me ensinou que a noite é feita para o amor. Veremos, senhor Maciel Pinheiro... [*chamando*] Caú! Caú!...

CAÚ [*surgindo na porta lateral*]
Que é, iaiá?

EUGÊNIA [*sentando-se*]
Vem me fazer companhia, Caú, enquanto espero Castro Alves... Ele não pode tardar... Não pode tardar...
PANO

SEGUNDA FALAÇÃO DO AUTOR

AUTOR [*entrando pela esquerda, começando a falar do meio do palco, saindo pela direita, ao levantar o pano*]
    E Eugênia esperou em vão... Porque Maciel Pinheiro encontrou Castro Alves em caminho para a casa da amante e o poeta não faltou ao seu encontro com a liberdade que nesta noite eram onze negros fugidos dos engenhos de açúcar de Pernambuco, em busca daquele sobrado onde funcionava a sociedade abolicionista e em busca de alguém cujo nome já chegara às longínquas senzalas. Enquanto Eugênia, ansiosa de amor, esperava seu amante, onze negros esperavam aquele que devia lhes indicar o caminho da liberdade. Era a maior leva de negros escravos que jamais havia fugido de uma só vez...

SEGUNDO QUADRO

Sala da Sociedade Abolicionista. Pobre e simples. Uma mesa, algumas cadeiras. Nas paredes nuas, apenas retratos de Victor Hugo, Byron e de líderes da Revolução Francesa, como Robespierre e Marat. Em cima da mesa, caneta, tinteiro e papel.

CENA ÚNICA

Em cena, Castro Alves, Rui Barbosa, Maciel Pinheiro e estudantes. Também um preto velho, cuja carapinha começa a embranquecer. Castro Alves está sentado diante da mesa. Os demais, nas cadeiras em torno ou em pé. O negro está em pé.

CASTRO ALVES [*chamando um estudante*]
Vem cá, Pedro. [*o estudante levanta-se e anda para a mesa*] Irás com Manuel... [*o negro, ao ouvir seu nome, se aproxima também. Castro Alves fala para ele*] Pedro te levará para a casa de um amigo e aí ficarás até que te vão buscar. Procuraremos um emprego para ti, numa parte qualquer onde aquele que se arroga o direito infame de ser teu senhor jamais te encontrará. És de agora em diante um homem livre e bem o mereces porque soubeste conquistar tua liberdade.

MANUEL
Não sei como pagar a vosmicê... Me dissero, mas negro velho não queria acreditar...

RUI BARBOSA
Que foi que te disseram, Manuel?

MANUEL [*voltando para Rui Barbosa*]
Me dissero, ioiô, que aqui no Recife tinha homem branco que ajudava negro fugir da escravidão. Custei muito a acreditar... Só vim mesmo quando eles mataro meu fio no chicote... Só porque ele botou a perder uma carga de mel...

MACIEL PINHEIRO
Miseráveis!

CASTRO ALVES
Agora vai, Manuel. Mas antes dá-me um abraço.

MANUEL [*espantado*]
Eu, negro veio, abraçar vosmicê?

CASTRO ALVES [*levantando-se*]
E por que não? Somos todos iguais, temos os mesmos direitos... Vamos... [*abraça o negro velho, que limpa as lágrimas com as costas da mão*]

MANUEL
Nosso Sinhô Jesus Cristo que proteja vosmicês todos...

CASTRO ALVES [*falando para o estudante*]
Tu, Pedro, sairás com Manuel como se ele fosse teu escravo. Se algum capitão do mato tentar se aproximar tu sabes como afastá-lo. Confio em ti.

PEDRO
Não tenhas receio... Até amanhã. [*sai com o negro*]

MACIEL PINHEIRO
Onze negros... A maior leva de escravos fugidos que já apareceu por aqui... Os negros estão perdendo o medo...

RUI BARBOSA
O anseio da liberdade supera qualquer terror...

CASTRO ALVES
Gosto de ver os negros jovens, esses que trazem o desejo da vingança no coração... Já não têm nem medo nem vergonha da fuga. Não acreditam mais que fugir à escravidão seja um crime...

RUI BARBOSA
Em breve estarão todos conscientes de que a liberdade é um direito que lhes assiste...

MACIEL PINHEIRO
O respeito ao senhor desapareceu. Os próprios negros estão rompendo as grilhetas da escravidão...

CASTRO ALVES
E trazem o coração cheio de ódio... Sabes, Rui, sabes, Maciel, tenho um poema saltando da minha cabeça. Sobre os negros que fogem e que vão tomar contas aos senhores... Dá-me papel e caneta... [*senta-se à mesa, começa a escrever febrilmente*]

MACIEL PINHEIRO [*depois de alguns instantes, durante os quais a pena de Castro Alves desliza sobre o papel. O poeta tem um ar inspirado e profético. Num momento em que ele levanta os olhos, a caneta parada, Maciel fala*]
Não te esqueças que Eugênia Câmara te espera... Não quero que ela me odeie para todo o sempre...

CASTRO ALVES
Sim, ela me espera... É a mais bela e a melhor das amantes... [*volta a escrever como se a referência a Eugênia lhe houvesse aumentado a inspiração*]

RUI BARBOSA
A manhã está chegando... Passamos a noite dando destino aos negros fugidos... Ah! esta alegria de haver enganado a polícia da opressão, de haver lutado pela liberdade...

MACIEL PINHEIRO [*a Castro Alves, que escreve*]
E Eugênia Câmara passou a noite te esperando, Castro. Apressa-te...

CASTRO ALVES [*ainda escrevendo*]
Já está... [*arremessando a caneta*] Levarei para ela este poema e assim terei o seu perdão. E lhe contarei a história dos onze negros fugidos e de como enganamos a polícia...

RUI BARBOSA [*que durante a fala de Castro Alves abriu a janela. A luz da madrugada invade a sala sobre os bicos de gás*]
Um dia a manhã raiará para um mundo melhor. Um mundo sem escravos, um mundo de homens livres. Mesmo que isso nos custe todas as nossas noites...

CASTRO ALVES
Mesmo que isso nos custe todos os nossos momentos. Sim, um dia raiará a manhã da liberdade sobre o Brasil. Ah! será belo!

MACIEL PINHEIRO
Pobre Eugênia Câmara... Sua primeira noite de amor será pela manhã...

CASTRO ALVES [*romântico*]
Fecharei as janelas e apagarei a manhã, prolongarei a noite... E, ouvindo os nossos suspiros de amor, os pássaros silenciarão nas árvores seus trinados matutinos. Parto, amigos, até breve. E o poema?

MACIEL PINHEIRO
 Queremos ouvi-lo...

CASTRO ALVES
 Ouvi, então:

Trema a terra de susto aterrada...
Minha égua veloz, desgrenhada,
Negra, escura, nas lapas voou.
Trema o céu... ó ruína! ó desgraça!
Porque o negro bandido é quem passa,
Porque o negro bandido bradou:

Cai, orvalho de sangue do escravo.
Cai, orvalho, na face do algoz.
Cresce, cresce, seara vermelha,
Cresce, cresce, vingança feroz.

Dorme o raio na negra tormenta...
Somos negros... o raio fermenta
Nesses peitos cobertos de horror.
Lança o grito da livre coorte,
Lança, ó vento, pampeiro de morte,
Este guante de ferro ao senhor.

 PANO

CASTRO ALVES

[*Enquanto são mudados os cenários do segundo para o terceiro quadro, invisível para o público, continua a declamar o poema "Bandido negro" — adaptando-o ao tempo do intervalo entre os dois quadros. Devem ser declamados os versos mais vibrantes. As duas últimas estrofes do poema não devem ser declamadas nesse intervalo. O teatro deve estar quase inteiramente às escuras.*]

TERCEIRO QUADRO

Mesmo cenário que o do primeiro quadro. Sala de estar da casa de Eugênia Câmara. É manhãzinha.

CENA ÚNICA

Em cena: Castro Alves e Eugênia Câmara. Eugênia veste o mesmo traje que na cena final do primeiro quadro. Castro Alves está de pé e declama. São os últimos versos do poema que ele começou a declamar no fim do segundo quadro e continuou pelo intervalo. Não deve haver solução de continuidade na declamação do poema.

CASTRO ALVES [*declamando*]

Trema o vale, o rochedo escarpado,
Trema o céu de trovões carregado,
Ao passar da rajada de heróis,
Que nas águas fatais desgrenhadas
Vão brandindo essas brancas espadas,
Que se amolam nas campas de avós.

Cai, orvalho de sangue de escravo,
Cai, orvalho, na face do algoz.
Cresce, cresce, seara vermelha,
Cresce, cresce, vingança feroz.

EUGÊNIA [*sorrindo*]
Que beleza! Ah! querido, quem não te perdoaria?

CASTRO ALVES [*andando para Eugênia e sentando-se ao seu lado*]
Eram onze negros... Nunca haviam fugido tantos de uma vez só. E a polícia, e os capitães do mato, rondavam pelas ruas em busca dos fugitivos, prontos para levá-los de volta para o eito, para as senzalas imundas, para as torturas brutais. Onze seres humanos que não tinham outro desejo senão o de viver como seres humanos... Ah! Eugênia, este mundo está todo errado. É preciso reformá-lo inteiramente...

EUGÊNIA [*acariciando-o*]
E enquanto tentas reformá-lo eu te espero, morta de ansiedade...

CASTRO ALVES
Havia um velho, de nome Manuel, a quem mataram o filho de torturas... E havia um jovem, chamado Lucas, de quem ainda escreverei a terrível história...

EUGÊNIA
Que lhe sucedeu?

CASTRO ALVES
Amava uma escrava com ardente amor... Ela também o amava... Mas nem o direito ao amor eles possuem. Um dia o senhor reparou na negra bonitinha e a levou para o seu leito. Era um negro enorme, de face sombria, refletindo o ódio que lhe ia pelo coração. Disse-me que um dia haveria de voltar para vingar-se e com certeza voltará...

EUGÊNIA
E eu te esperava... Ansiosa, trêmula de amor...

CASTRO ALVES
   Eram onze negros, Eugênia. Para nós foram algumas horas roubadas ao nosso amor. Para eles era toda a vida que se decidia... Como hesitar, Eugênia?

EUGÊNIA [*apaixonada*]
   E de agora em diante serás meu, só meu, exclusivamente meu?

CASTRO ALVES
   Teu, somente teu, exclusivamente teu... [*toma-lhe das mãos*] Ouve, vou te dizer um segredo: conheço certa mágica...

EUGÊNIA
   És feiticeiro?

CASTRO ALVES [*levantando-se, andando para as janelas que dão para a rua e começando a fechá-las*]
   Se fecharmos as janelas, prolongaremos a noite. [*fecha as janelas, o palco fica na obscuridade. Volta para junto de Eugênia, levanta-a, toma-a nos braços*] E não te esqueças que a noite foi feita para o amor...

PANO
FIM DO PRIMEIRO ATO

SEGUNDO ATO

PRIMEIRA FALAÇÃO DO AUTOR

AUTOR [*vindo da entrada do teatro, atravessando toda a plateia, chega ao palco e fala*]
    Quase um ano decorreu sobre o começo desta história. Foi um ano intenso para Castro Alves. Em Eugênia encontrava a alegria necessária à criação da sua obra magistral. Escreveu então quase todos os poemas que depois comporiam *Os escravos*, seu livro de protesto e de revolta perante a escravatura. Foi nesse ano que ele definiu sua poesia. "Adeus, meu canto", eis o título deste poema que certa tarde ele leu para Eugênia Câmara...

PRIMEIRO QUADRO

Sala de estar da casa de Eugênia Câmara, no Recife.

CENA ÚNICA

Em cena: Castro Alves, Eugênia Câmara, Rui Barbosa, Maciel Pinheiro, estudantes e Fagundes Varela, estudante e poeta fluminense de passagem no Recife. Quando o pano é suspenso, Eugênia está servindo bebida aos presentes que conversam animadamente. Quando termina de servir, Eugênia empunha sua taça para brindar.

EUGÊNIA [*erguendo a taça*]
E agora, amigos, brindemos pela presença entre nós de Fagundes Varela, o mavioso poeta de São Paulo. [*erguem todos as suas taças no brinde*]

FAGUNDES VARELA [*figura moça e romântica, de cavanhaque, um pouco tocado pela bebida*]
No exílio, o poeta maldito encontrou um lar e uma família. O lar foi esta casa que é ninho de amor de um poeta — o primeiro do Brasil — e de sua musa. E a família, formam-na Castro Alves e Eugênia Câmara. Amigos, eu vos agradeço... E bebo ao vosso amor. [*brindam-se novamente*]

RUI BARBOSA [*andando para Fagundes Varela enquanto a conversa se generaliza e os presentes se distribuem em grupos*]
    Noto, senhor e amigo, que notável diferença marca a poesia do Sul, que aqui representais neste momento, e a poesia do Nordeste, esta que já começaram a apelidar de condoreira...

FAGUNDES VARELA
    Decerto, senhor, essa diferença existe. Para nós os motivos de inspiração do poeta são o amor e a morte, pois tudo o demais, fora disto, é tédio que só o álcool das tavernas consegue atenuar...

MACIEL PINHEIRO [*adiantando-se também para Fagundes Varela*]
    Tão só a morte e o amor?

FAGUNDES VARELA
    E a natureza em torno, bela moldura para o tédio...

RUI BARBOSA [*a um canto Eugênia, Castro Alves e os demais conversam*]
    Aqui, senhor, temos outras preocupações. A nossa poesia nós a definimos de maneira diversa...

FAGUNDES VARELA
    E como a definis? Estou curioso de sabê-lo...

CASTRO ALVES [*adiantando-se, trazendo Eugênia pela mão*]
    Eu te direi, Fagundes. Não há muito escrevi um poema definindo meu conceito de poesia. Ouvi: [*declamando*]

Adeus, meu canto! É a hora da partida...
O oceano do povo s'encapela,
Filho da tempestade, irmão do raio,
Lança teu grito ao vento da procela.

O inverno envolto em mantos de geada
Cresta a rosa de amor que além se erguera...
Ave de arribação, voa, anuncia
Da liberdade a santa primavera.

É preciso partir, aos horizontes
Mandar o grito errante da vedeta.
Ergue-te, ó luz! — Estrela para o povo,
— Para os tiranos — lúgubre cometa.

                    PANO

PRIMEIRA FALAÇÃO DO AUTOR

[continuação]

AUTOR [*que durante todo o quadro anterior conservou-se num extremo do palco*]
    Escreveu também para sua amante os mais belos versos das *Espumas flutuantes*, que são os mais belos versos de amor da poesia brasileira. As noites eram longas de carícias. E os dias eram agitados nas lutas de rua pela Abolição, pela República. Escrevia uma peça sobre a Inconfidência Mineira. Esteve na frente do povo todas as vezes que o povo se encontrou na rua lutando pela democracia. Na cidade do Recife, de tantas tradições libertárias, ele era a Revolução em marcha, levando desfraldada na sua poesia a bandeira da liberdade!
    O Brasil declarou guerra ao Paraguai. Castro Alves esqueceu todas as suas divergências com o Império para dar à Pátria o melhor de si mesmo. Formou batalhões patrióticos. Maciel Pinheiro partia para os campos de batalha. E, em nome dos estudantes do Recife, ele os despediu. Foi no Teatro Santa Isabel...

SEGUNDO QUADRO

Palco do Teatro Santa Isabel, no Recife. Um camarote do teatro sobre o qual deve convergir a iluminação.

CENA ÚNICA

Em cena a Companhia de Furtado Coelho, com trajes de representação, cercando Maciel Pinheiro, que veste a farda de soldado do exército imperial do Brasil. As torrinhas aplaudem aos gritos de "Viva o Brasil! Viva Maciel Pinheiro! Abaixo a tirania!". Em meio à gritaria, as luzes convergem sobre um camarote onde surge a figura de Castro Alves. As torrinhas aplaudem aos gritos: "Castro Alves! Castro Alves!".

UMA MULHER [*na plateia. As luzes convergem sobre ela, iluminando sua figura jovem e bela. Soerguendo-se na cadeira, ela fala*]
Parece um jovem deus! Quem não o amaria!

UM HOMEM [*levantando-se ao lado*]
Senta-te, louca...

CASTRO ALVES [*no camarote, sorri para a mulher antes de começar a falar*]
Senhores, a Pátria está em perigo... Os canhões rugem no

Sul, os soldados estão dando suas vidas pela liberdade. É necessário que todos os brasileiros estejam unidos, esquecidos de suas divergências anteriores, tendo o pensamento fito tão somente na vitória, como se todos fôssemos um único homem com uma única aspiração. Assim é que saudamos a Maciel Pinheiro!

Partes, amigo, do teu antro de águias,
Onde gerava um pensamento enorme,
Tingindo as asas no levante rubro,
Quando nos vales inda a sombra dorme...

[*O pano, no palco, vai caindo lentamente. As luzes sobre o camarote vão se extinguindo durante os últimos versos, enquanto que na plateia o casal aumenta a discussão e se retira, fazendo ruído.*]

O HOMEM [*irritado*]
    Não tens pudor, isso sim... És uma louca...

A MULHER [*parando para falar. Já estão andando para a saída do teatro*]
    Tu és imbecil... Um burguês sem sentimentos... Tolo!

PRIMEIRA FALAÇÃO DO AUTOR

[continuação]

AUTOR [*sorrindo do casal que sai brigando*]
Assim era ele... Don Juan adolescente, por ele as mulheres se apaixonavam. Mas, na casinha alegre do caminho do Jaboatão, ele tinha Eugênia e ao seu calor criava a mais alta poesia. E nas ruas tinha sua musa mais constante: a liberdade. Continuou a dar fuga aos negros, a tomar parte em comícios e manifestações, os ecos da sua voz genial enchiam a Faculdade de Direito, enquanto as mulheres suspiravam por ele. Era o líder natural do povo pernambucano. No entanto, já sentia necessidade de cumprir o que escrevera num poema:

Voz de ferro! desperta as almas grandes
Do sul ao norte... do oceano aos Andes!!...

Porém aquele triunfador, invejado por muitos e em silêncio amado por muitas, teve que lutar bravamente pelo seu amor. Aconteceu no fim daquele ano...

TERCEIRO QUADRO

Sala de estar da casa de Eugênia Câmara, no Recife, à tarde.

CENA ÚNICA

Em cena: Eugênia Câmara e Furtado Coelho. Ambos sentados.

EUGÊNIA
Quase deixaste de vir a esta casa... Não sei por quê, a verdade é que nunca olhaste com bons olhos minha ligação com Castro Alves. Antes me visitavas mais amiúde...

FURTADO COELHO
Quase um ano, já, hein, Eugênia...

EUGÊNIA
Quase um ano, sim. Um ano de felicidade, de alegria, de amor...

FURTADO COELHO
Recordarei sempre a visita que te fiz aquela noite. Lembras-te?

EUGÊNIA [*rindo*]
Lembro-me, sim. Vieste como ave agoureira e disseste uma série de tolices... Que minha carreira terminaria, que o teatro

se colocaria entre nós dois como um empecilho fatal, e, se isso não acontecesse, então uma rival terrível — a liberdade — o roubaria inteiramente de mim... Falaste também em morte e em desgraça... [*rindo*] Estavas lúgubre naquela noite, Furtado Coelho, parecias fugido de um dramalhão...

FURTADO COELHO [*levantando-se e andando para o piano*]
Tão lúgubre assim?

EUGÊNIA
Nem imaginas... E quase conseguiste me amedrontar com as tuas histórias da carochinha...

FURTADO COELHO [*suspendendo a tampa do piano*]
Histórias da carochinha?

EUGÊNIA [*rindo muito*]
A única coisa sensata que disseste naquela noite foi que o piano estava desafinado...

FURTADO COELHO [*tirando um acorde ao piano*]
E continua...

EUGÊNIA
Hoje posso te confessar que aquela foi uma noite difícil. Mal partiste, deixando-me em companhia de todas as tuas medonhas previsões, surgiu o poeta Maciel Pinheiro procurando Castro Alves, que ainda não havia chegado. E falou em coisas misteriosas, urgentes e importantes que faziam necessária a presença do meu poeta nem sei mesmo onde naquela noite.

FURTADO COELHO
Que fizeste?

EUGÊNIA
Eu lhe disse, é claro, que Castro Alves não estava livre, que passassem sem ele. Afirmei-lhe que ele não iria...

FURTADO COELHO
E Maciel?

EUGÊNIA
Falou em predestinação para a liberdade e garantiu-me que Castro Alves chegaria pela manhã. Parecia divertir-se à minha custa...

FURTADO COELHO
E divertia-se, não tenhas dúvida.

EUGÊNIA
A verdade é que esperei a noite toda e já era manhãzinha quando Castro Alves apareceu com um poema novo e [*sorrindo languidamente*] certa mágica que me levaram a perdoá-lo.

FURTADO COELHO [*interessado*]
Que mágica?

EUGÊNIA
Não te ensinarei... De qualquer maneira aquela foi a noite de amor mais absurda que se possa imaginar...

FURTADO COELHO
Ao que sei [*acorde ao piano*] pelas más línguas, tais noites têm-se repetido...

EUGÊNIA
As más línguas não te enganaram. Muitas vezes ele parte, tem o que fazer. De quando em quando fico sem saber dele durante dias e dias. Mas já me acostumei...

FURTADO COELHO [*abandonando o piano, voltando-se para Eugênia, a voz séria*]
    Então deves reconhecer que eu não estava tão lúgubre e trágico naquela noite. Pelo menos uma parte do que te disse era verdade. Resta saber se o demais também não o era...

EUGÊNIA
    Deixa-te de dramas, Furtado Coelho. Não vou dizer que não sinta certa irritação quando ele me deixa, tão repetidas vezes, pelas suas campanhas, seus comícios, suas reuniões... [*a voz alterada*] Não vou te negar que sinto ciúmes e que maus pensamentos enchem-me a cabeça nessas noites...

FURTADO COELHO
    Que pensamentos?

EUGÊNIA [*levantando-se e andando pela sala*]
    Penso em magoá-lo, em feri-lo em seu orgulho de homem como ele me fere a mim em minha vaidade de mulher. Penso em buscar outro que tome o seu lugar, a quem ele encontre quando voltar pela manhã...

FURTADO COELHO
    Vês?

EUGÊNIA [*parando de caminhar, uma determinação na voz*]
    Mas, felizmente, tenho vencido estas tentações mesquinhas e tenho sabido compreender que não posso colocar-me em seu caminho como um empecilho, não posso tentar afastá-lo da sua própria vida.

FURTADO COELHO [*voltando ao piano, do qual tira um acorde. Dá as costas para Eugênia*]
    E sofres...

EUGÊNIA
Pode ser, mas logo sou recompensada porque vejo que ele, a cada dia que passa, mais se eleva sobre os outros homens. E o ouço dizer seus versos e sei que estou misturada à poesia dele, às grandes coisas que ele pensa, sonha, escreve e realiza!

FURTADO COELHO [*voltando-se para Eugênia*]
Ainda assim confessas que, quando ele parte, o teu primeiro ímpeto é traí-lo...

EUGÊNIA
O primeiro ímpeto... O ímpeto ruim... Talvez que em mim existam duas mulheres, Furtado Coelho. Esta mulher mesquinha, cheia de vaidade e ambição, que mal ele diz que não pode ficar comigo, imagina uma vingança pequenina... E outra que é melhor, talvez igualmente vaidosa e ambiciosa, mas que reflete e compreende que mulher alguma pode ambicionar maior bem, por mais vaidosa que seja, do que ser amante de Castro Alves, sua companheira fiel. E é essa, até agora, a que tem vencido.

FURTADO COELHO [*toca uma escala ao piano*]
E por quanto tempo ainda vencerá?

EUGÊNIA
Sempre, assim o espero...

FURTADO COELHO
E o teatro?

EUGÊNIA
Eis onde as tuas profecias fracassaram inteiramente... Que ano mais glorioso para a minha carreira que este? Quem mais me anima, quem é mais entusiasta pelo meu sucesso senão Castro Alves? E agora está escrevendo uma peça para mim.

Eugênia Câmara representando uma peça de Castro Alves! Sobre a Inconfidência Mineira.

FURTADO COELHO [*acorde ao piano*]
Sobre a liberdade...

EUGÊNIA
Por que não? A liberdade, o teatro, Castro Alves e Eugênia Câmara... Temo-nos dado muito bem, os quatro...

FURTADO COELHO
Neste caso nem te falarei sobre o que me trouxe aqui. [*acorde ao piano*]

EUGÊNIA [*interessada*]
O que te trouxe aqui... Que tens a me dizer? Fala de uma vez, mistério ambulante!

FURTADO COELHO [*voltando as costas para Eugênia, como que inteiramente dedicado ao piano que examina*]
Afinal, não é nenhuma notícia extraordinária. Em qualquer outra situação seria a mais simples das notícias. A Companhia parte, Eugênia.

EUGÊNIA [*sentando-se como que aniquilada*]
Parte?

FURTADO COELHO
Tenho contratos em São Paulo. Vamos dar por finda a nossa temporada no Recife...

EUGÊNIA [*a voz distante*]
Vamo-nos embora, queres dizer. E quando?

FURTADO COELHO [*voltando-se para Eugênia*]

Esta é a nossa última quinzena no Recife... [*Eugênia deixa cair a cabeça sobre as mãos, fica sucumbida com a notícia. Furtado a mira com pena, anda até onde ela está, toma-lhe das mãos ao sentar-se ao seu lado*] Perdoa, Eugênia. Adiei a notícia o quanto pude. Há mais de uma semana que todos os outros atores estão avisados. E já apostam entre si para saber se vais ou se ficas e já se empenham pelo teu lugar. Adelaide Amaral já se sente primeira atriz... Eu não podia adiar mais a comunicação. Tinha que vir te falar, mesmo sabendo que seria doloroso...

EUGÊNIA [*a voz sumida*]
Compreendo...

FURTADO COELHO
Chegou o momento de decidires... Os teus dois amores te reclamam. E, se queres um conselho meu, ouve: vem conosco! Porque, por mais que sofras agora, serás ainda assim menos desgraçada do que se ficares.

EUGÊNIA [*sem compreender*]
Menos desgraçada? Longe dele?

FURTADO COELHO
Menos desgraçada, sim... Vais sofrer, vais sofrer muito durante algum tempo. Mas terás a tua profissão, a tua arte, e esquecerás. Se ficares, porém...

EUGÊNIA
Se ficar, eu o terei...

FURTADO COELHO
Já não será a mesma coisa... Terás despedaçado tua carreira por amor ao teu amante que é um grande homem, maior mesmo do que tu pensas, bem maior do que ele próprio concebe... Será muito nobre e no primeiro momento só

terás alegria, nascida do teu gesto. Mas, e depois? [*pausa*] Chegar-te-ão notícias do Sul, dos triunfos de Adelaide, notarás que teu nome está cada vez mais esquecido, que já ninguém o pronuncia, que os homens já não se voltam ao passares, sentirás falta dos aplausos...

EUGÊNIA
Mas em troca eu o terei... E ele bem vale tudo isso....

FURTADO COELHO
Em troca não o terás... Pelo menos não o terás inteiramente. E, quando fores totalmente dele, tendo-lhe sacrificado até a tua carreira, ele apenas te dará as sobras do seu tempo e do seu amor... Apenas as sobras, Eugênia, porque ele jamais vacilará entre tu e a liberdade! Nós o conhecemos e sabemos de que barro ele é feito.

EUGÊNIA [*convicta*]
Nunca vacilará, eu o sei.

FURTADO COELHO
Tens duas mulheres dentro em ti... Uma é nobre e boa, é esta que tudo quer sacrificar pelo ser amado. A outra é aquela Eugênia Câmara vaidosa e ciumenta cujo orgulho de mulher se sentirá diariamente ferido, quando ele partir... Dia a dia, hora a hora, minuto a minuto teu ciúme crescerá. Hoje ele é apenas erva daninha pouco perigosa. Mas se ficares, adubado com o teu sacrifício, ele será em breve uma árvore poderosa, de profundas raízes, e então já não o poderás arrancar do teu coração...

EUGÊNIA [*como uma criança abandonada*]
Tu o crês?

FURTADO COELHO
Eu sei que será assim... Eu te conheço, Eugênia. Um dia chegará

em que atirarás lodo sobre este amor tão belo. E tremo por ti e por ele, mais talvez por ele que por ti. Um dia, desesperada, irás em busca de outro homem e então começarás a enganá-lo. E terás desgraçado a vida de Castro Alves porque ele te ama. E estarás desgraçada tu também, infinitamente desgraçada, porque terás matado o teu amor e não terás no entanto deixado de amá-lo... Por mais que sofras, Eugênia, se partires agora, ainda assim terás uma razão de alegria e de consolo... Porque o fazes mais pelo bem dele que mesmo pelo teu. Sou teu amigo e te digo: vem conosco! [*levanta-se, anda para o piano*]

EUGÊNIA [*que o ouvia atenta, pesando na sua agonia a verdade das palavras de Furtado Coelho, a voz desfalecente*]
Tens razão, eu irei...

FURTADO COELHO [*dedilha uma escala ao piano*]
Se é assim, não necessitas mandar afinar este piano que é o mais miserável de quantos encontrei em minha carreira...

EUGÊNIA [*a voz com um soluço*]
Deixa-me só, por favor, Furtado...

[*Furtado Coelho toma do chapéu e da bengala, aproxima-se de Eugênia, pega-lhe da mão que pende indiferente, beija-a e sai. Eugênia fica parada onde está, depois que Furtado Coelho parte. Os olhos fitos no infinito, distante, como uma pessoa que está diante da morte. Começa a chorar devagarinho, mansamente, desoladamente, um choro sem consolo e sem esperança. Como o de uma criança que acabasse de ficar órfã de pai e mãe*]

PANO

QUARTO QUADRO

A cena mostra uma praça do Recife em dia de comício republicano.

CENA ÚNICA

Multidão em torno a Antônio Borges da Fonseca, tribuno republicano, que discursa de cima de uma tribuna improvisada. Estudantes, gente do povo, alguns negros. Num grupo estão Castro Alves e Rui Barbosa. Aplaudem o orador. Antônio Borges da Fonseca é um homem de meia-idade, idealista, tribuno fogoso e de verbo inflamado. Quando o pano começa a subir ouvem-se gritos: "Viva a República!", "Abaixo a Monarquia!", "Abaixo o Im-pério!", "Viva a Democracia!".

ANTÔNIO BORGES DA FONSECA [*de cima de uma tribuna improvisada faz sinais pedindo que cessem os aplausos. Quando esses diminuem ele continua seu discurso*]
    Tentam esconder, cinicamente, sua bárbara tirania sob o engodo de um governo paternal. Mas onde, em que canto do Brasil, de norte a sul, de leste a oeste, poderemos encontrar realmente a democracia?

UMA VOZ
   Em parte alguma!

ANTÔNIO BORGES DA FONSECA [*mais exaltado ainda*]
   Falam em democracia, eles, os tiranos, os escravocratas, os sonegadores de todos os direitos populares, de todas as liberdades públicas...

UMA VOZ NA PLATEIA [*um homem levantando-se em sua cadeira*]
   Os fascistas de ontem!

AUTOR [*aparecendo num canto do palco*]
   O senhor não está na peça. Faça o favor de deixar a representação continuar.

ANTÔNIO BORGES DA FONSECA [*repetindo*]
   ... os sonegadores de todos os direitos populares, de todas as liberdades públicas... [*aplausos*]

UMA VOZ
   Abaixo a tirania!

ANTÔNIO BORGES DA FONSECA
   Falam em democracia com o mesmo cínico desplante com que o ladrão fala em honradez, o assassino fala na doçura do lar, o enfermo fala em saúde... A democracia que eles trazem na boca é como a saúde em corpo de leproso... [*palmas*]

UMA VOZ
   Que imagem!

ANTÔNIO BORGES DA FONSECA
   Vede o que vai por todo o país... A liberdade de palavra é uma farsa, rompida pela trágica aparição da polícia, a liberdade de pensar só a possuem os que pensam pelas cartilhas

governamentais, a liberdade só existe para os desmandos dos reacionários monarquistas que representam perante o mundo a comédia da democracia do Império brasileiro...

UMA VOZ [*de um homem mal-encarado, de bengalão*]
Mas você está aí falando contra o Império...

OUTRA VOZ [*um estudante*]
Cale-se!

OUTRA VOZ [*um popular*]
É um polícia...

VÁRIAS VOZES
Fora com o polícia! Fora! Pega! [*arma-se um começo de conflito e o policial é expulso*]

ANTÔNIO BORGES DA FONSECA [*que durante o incidente conservou-se sereno*]
Só a República, senhores, o governo do povo pelo povo, o direito de voto às grandes multidões, pode trazer para o Brasil a paz, a ordem, o progresso, a felicidade, a verdadeira democracia, aquela que nasce do povo e se exerce em função do povo! [*aplausos*] Só a República limpará o Brasil da mancha da escravidão de cujo sangue se alimenta o Império...

UMA VOZ
Fora com o Império!

ANTÔNIO BORGES DA FONSECA
Em torno a nós está o mais triste quadro que possamos imaginar e este quadro é representado pelo Brasil e sua administração. Campeia o roubo desenfreado, a perseguição policial, o desrespeito às leis, o terror, o ódio ao progresso, o

suborno, a vilania... [*durante as últimas palavras vem um rumor dos bastidores que aumenta*]

UMA VOZ
A polícia! Lá vem a polícia! [*homens armados entram em cena*]

ANTÔNIO BORGES DA FONSECA [*continuando*]
... as garantias individuais desapareçam e enquanto as notícias para o estrangeiro... [*a polícia invade o palco atirando para o ar*]

VOZES
É a polícia! [*confusão, gente que corre, gente que se esconde, enquanto um grupo de policiais se dirige para a tribuna*]

ANTÔNIO BORGES DA FONSECA [*continuando apesar da confusão. Sua voz tenta dominar o ruído em torno*]
... para uso externo descrevem o Brasil como o paraíso da democracia, aqui a polícia tenta calar os protestos... [*enquanto ele fala os policiais tentam arrancá-lo da tribuna. Alguns estudantes procuram proteger o orador, mas são afastados. Borges da Fonseca é levado para um extremo do palco pelos policiais. Enquanto é arrastado fala*] **Protesto contra mais este crime do Império...** [*a multidão foge pelo palco*]

CASTRO ALVES [*Surgindo subitamente sobre a tribuna improvisada. Enquanto ele declama, a multidão vai se reunindo aos poucos, os policiais são dominados e expulsos. Antônio Borges da Fonseca é libertado.*]

Quando nas praças s'eleva
Do povo a sublime voz...
Um raio ilumina a treva,
O Cristo assombra o algoz...
Que o gigante da calçada
Com pé sobre a barricada

Desgrenhado, enorme e nu,
Em Roma é Catão ou Mário,
É Jesus sobre o Calvário,
É Garibaldi ou Kossuth.

A praça! A praça é do povo
Como o céu é do condor
É o antro onde a liberdade
Cria águias em seu calor.

       PANO

QUINTO QUADRO

Sala de estar da casa de Eugênia Câmara, no Recife, à noite.

CENA ÚNICA

Em cena: Castro Alves e Eugênia. Estão os dois sentados e ele termina a narração do comício.

CASTRO ALVES [*falando entusiasmado*]
... e então o comício pôde prosseguir até o fim. A polícia não teve coragem de voltar.

EUGÊNIA
És maravilhoso, querido! És um homem feliz porque sabes lutar ardentemente por aquilo que sonhas, pelo teu ideal. Sabes lutar pela liberdade...

CASTRO ALVES
É necessário lutar, Eugênia. A liberdade não é um bem que se receba como um favor. É preciso conquistá-la e a sua conquista custa muitas vezes a própria vida...

EUGÊNIA
São belos os teus sonhos... A Abolição, a República, a Democracia...

CASTRO ALVES
Mas não basta sonhar, Eugênia. É necessário lutar para que esses sonhos, que são de milhões e milhões pelo mundo afora, se transformem em realidade.

EUGÊNIA [*levantando-se*]
Li teu último poema...

CASTRO ALVES
O que eu estava escrevendo ontem? Ainda não lhe dei os últimos retoques, por isso não o havia mostrado ainda.

EUGÊNIA
Jamais o esquecerei... O que escreveste sobre Byron pode-se aplicar a ti mesmo com absoluta verdade...

CASTRO ALVES [*sorrindo*]
A mim?

EUGÊNIA
Ouve:

— *Olhai, Signora... além dessas cortinas,*
O que vedes? — Eu vejo a imensidade!...
— *Eu vejo... a Grécia... e sobre a plaga errante*
Uma virgem chorando... — É vossa amante?...
— *Tu disseste-o, Condessa!... É a liberdade!!!...*

Eis aí, Castro Alves, a tua melhor confissão. Só tens um amor, um único verdadeiro, é a liberdade. Não pensavas em Byron quando escreveste este poema. Era em ti mesmo que pensavas, querido...

CASTRO ALVES
Estás com ciúme? Seria o mais absurdo de todos os ciúmes...

EUGÊNIA
Lembras-te dos versos anteriores? Quando Byron pergunta à Guiccioli se ela é ciumenta? Pois eu o sou tanto quanto ela, pelo menos...

CASTRO ALVES
Estás louca...

EUGÊNIA
Não, Castro, não estou louca. Sei que é assim e tu também o sabes... [pausa] Tenho uma notícia a dar-te...

CASTRO ALVES [espantado com o rumo da conversação]
Uma notícia? Que notícia?

EUGÊNIA
Nunca pensaste que um dia eu teria de partir?

CASTRO ALVES [levantando-se]
De partir? Se quiseres dizer: *de partirmos*, então sim... Em breve partiremos. Já realizei no Recife o quanto podia. Aqui a campanha abolicionista já saiu dos poemas para a praça pública, para as sociedades de ajuda aos negros fugidos. Já é todo um movimento. Também o ideal republicano já assentou raízes profundas. Vamos ter que partir... É preciso despertar o Sul do país, a Bahia, o Rio de Janeiro, São Paulo, trazê-los para a causa dos escravos e para a causa do povo...

EUGÊNIA
Sim, tens a tua pregação a fazer. Levantarás as gentes com a tua poesia a favor dos escravos e da República. Eu compreendo... Irás, fiel à tua paixão, lutar por ela... E, por isso mesmo, espero que me compreendas...

CASTRO ALVES
Não, ainda não te compreendo. Estás misteriosa e difícil. Se queres referir-te à causa da minha vida, nada tenho que te esconder: alguns, Eugênia, vivem para o dinheiro, outros para a fácil glória dos salões, outros para a bebida e para o jogo, cada qual tem uma razão de existir, mesmo o mais desgraçado de todos os mendigos. A minha é a liberdade.

EUGÊNIA
E nunca pensaste que eu também tenho uma razão de existir?

CASTRO ALVES
Como não? E creio não me enganar quando penso que esta razão sou eu e a minha vida. Ou existirá outra, por acaso?

EUGÊNIA
Nasci para o teatro...

CASTRO ALVES
Sim, nasceste para o teatro, é bem verdade, e amas a tua arte. E que tem isso? Não tenho sido eu o mais ardente e entusiasta dos teus admiradores? Não estou escrevendo uma peça para ti? Já coloquei algum obstáculo à tua carreira?

EUGÊNIA
Tudo isto é verdade... E eu te sou grata. [*pausa*] A Companhia embarca na próxima quinzena.

CASTRO ALVES
E vais com eles?

EUGÊNIA
Para São Paulo... Furtado trouxe-me hoje a notícia...

CASTRO ALVES
Vais com eles? [*Eugênia balança a cabeça dizendo que sim*] Fala! Diz alguma coisa! [*há um profundo silêncio. Eugênia tenta aproximar-se dele e acarinhá-lo mas ele se afasta*] E eu que me enganei contigo... Que te pensava digna do meu amor, da minha vida, dos meus ideais... E eu que confiei em ti, que pensei que fosses a companheira que eu sonhava... [*Eugênia tapa o rosto com as mãos*] Pois que partas... Se és tão mesquinha a ponto de colocares a pequena glória que te espera nos palcos acima da minha vida, da minha poesia e da minha luta, então não mereces ficar ao meu lado. Não terei saudades de ti, tão mesquinha te revelaste...

EUGÊNIA [*subitamente revoltada*]
Tu és apenas egoísta... Terrivelmente egoísta. Só pensas em ti, em tua luta, em tua obra, em tua poesia. Os demais não importam!

CASTRO ALVES [*falando docemente*]
Perdoa, Eugênia, se me exaltei. Isso talvez apenas prove o amor que te tenho...

EUGÊNIA
Não amas a ninguém, só a ti mesmo...

CASTRO ALVES
É que não me pertenço, pertenço a milhares e milhares porque luto por eles, porque não é para mim que trabalho, que escrevo, que vivo! Egoísmo, dizes tu... Não, Eugênia, reflete e vê que egoísmo é o teu, que me abandonas quando mais necessito de ti...

EUGÊNIA
Tenho que ir, Castro. Tenho medo...

CASTRO ALVES [*tomando-lhe das mãos*]
Vais para não perderes um contrato, para não jogares o lugar de primeira atriz de uma companhia teatral. Não tens coragem de romper com essa certeza cotidiana e medíocre e partir para a grande aventura que iríamos viver juntos...

EUGÊNIA
Tenho medo...

CASTRO ALVES
Tens medo de quê? De que tua carreira se corte para sempre? Mas comigo irias continuar a tua carreira... Não sou tão egoísta quanto pensas... Planejava levar-te comigo para o Sul. Formaríamos uma companhia para montar o *Gonzaga* e, através dessa peça e da minha poesia, iríamos levantar o Sul para a campanha da Abolição e da República. Mas, tens medo...

EUGÊNIA
Enganas-te, querido, quando pensas que eu tenho medo de perder a minha carreira. Não sejas tão injusto... Não... Temo não ser para ti a companheira que necessitas. És tão digno da melhor das mulheres e eu sou apenas uma pobre atriz...

CASTRO ALVES
És meu amor...

EUGÊNIA
Necessitas de alguém que te compreenda inteiramente.

CASTRO ALVES
Ninguém melhor do que tu me compreende...

EUGÊNIA

Alguém disposto a se sacrificar por ti até o fim... Porque, senão, te sacrificará...

CASTRO ALVES

E não estarás, por acaso, disposta?

EUGÊNIA

Tenho medo... Sou apenas uma pobre mulher com todas as paixões de uma atriz... Teu caminho é muito largo e muito áspero... Tenho medo...

CASTRO ALVES

Não sejas tola... Não compreendes que necessito de ti? Que do teu amor me alimento, que bebo em ti a inspiração? Não vês que és tu quem me dá forças e ânimo e confiança e alegria? Não compreendes?

EUGÊNIA

Cala-te, querido, deixa-me partir. Se falares, não terei forças...

CASTRO ALVES

Não, não vais partir. Iremos, sim, os dois juntos. E com minha poesia e tua arte levaremos a palavra democrática para os homens do Sul. Levantaremos o Brasil. Amanhã será outro o clima que se respira em nossa Pátria. Os escravos serão livres e livres serão todos os homens porque a República não tardará... Temos um dever a cumprir, Eugênia, e devemos cumpri-lo mesmo que isto nos custe a vida!

EUGÊNIA

Não tens medo do que possa suceder?

CASTRO ALVES
Sei apenas que a liberdade espera. Não podemos faltar. Vens comigo?

EUGÊNIA
É meu destino... Vou contigo! [*enquanto Castro Alves volta-se para beijá-la, cai o*
PANO
FIM DO SEGUNDO ATO

TERCEIRO ATO

PRIMEIRA FALAÇÃO DO AUTOR

AUTOR [*que vem da entrada do teatro e atravessa toda a plateia*]
E partiram... Primeiro foi a Bahia, terra natal do poeta, que recebeu em triunfo o filho pródigo. Na estreia do *Gonzaga*, onde Eugênia faz o papel de Marília e onde desfilam os conspiradores da Inconfidência Mineira sonhando liberdade para o Brasil, os estudantes coroam de louros o poeta e carregam-no em triunfo. No Rio de Janeiro, José de Alencar e Machado de Assis entusiasmam-se com a sua poesia. Na capital do Império ele recebe a notícia da vitória brasileira em Humaitá. O povo está na rua saudando o feito dos marujos nacionais. Da sacada do *Diário do Rio de Janeiro*, Castro Alves improvisa mais uma vez para a multidão que o aclama:

...Bravo!... Vitória!... Viva o povo imenso,
O vil tirano há de beijar-lhe os pés!

E chega finalmente a São Paulo. Castro Alves e São Paulo compreenderam-se e amaram-se desde o primeiro momento. Anos depois, próximo à morte, ele iria escrever:

Tenho saudades... ai! de ti, São Paulo,

— Rosa de Espanha no hibernal Friul —
Quando o estudante e a serenata acordam
As belas filhas do país do sul.

O tempo que ali passou foi uma sucessão de triunfos. Arrastou o povo paulista, generoso e entusiasta, para a causa da Abolição e da República. Em todas as partes sua voz se fazia ouvir. Iniciou sua pregação no Salão Concórdia, onde o *Arquivo Judiciário*, a revista da Academia, o recebeu num sarau de arte. Estava repleto o salão, as mulheres mais formosas, os homens mais ilustres, estudantes e povo. Ele disse "A visão dos mortos"...

[O *autor conserva-se no palco.*]

PRIMEIRO QUADRO

Salão Concórdia em São Paulo. O palco deve estar de tal maneira arrumado que dê a impressão de que o salão continua, que o público vê apenas as primeiras filas, onde as mulheres elegantes e estudantes estão aplaudindo ao levantar o pano. Castro Alves está na tribuna, um gesto de declamação.

CENA ÚNICA

UMA MULHER [*falando para a companheira ao lado*]
Como é formoso...

OUTRA MULHER [*respondendo*]
E que coisas terríveis ele diz... E com que voz...

UM HOMEM [*a um estudante a seu lado*]
Estes versos parecem bofetadas atiradas à face dos senhores de escravos...

O ESTUDANTE [*respondendo*]
E é um chamado aos homens de bem, aos que amam a liberdade. Desde hoje, formarei com ele. [*os aplausos cessam completamente*]

CASTRO ALVES [*continuando a declamar*]

> *O Tiradentes sobre o poste erguido*
> *Lá se destaca das cerúleas telas,*
> *Pelos cabelos a cabeça erguendo,*

Que rola sangue, que espadana estrelas.
E o grande Andrada, esse arquiteto ousado
Que amassa um povo na robusta mão:
O vento agita do tribuno a toga
Da lua pálida ao fatal clarão.

[...]

Então, no meio de um silêncio lúgubre,
Solta este grito a legião da morte:
Aonde a terra que talhamos livre,
Aonde o povo que fizemos forte?

                    PANO

PRIMEIRA FALAÇÃO DO AUTOR

[continuação]

AUTOR [*que conservou-se num canto do palco*]
... Logo depois, ele descreve para os seus colegas da heroica Faculdade de Direito o mundo do futuro que imagina. Foi no largo São Francisco, sob as arcadas que já haviam ouvido a voz de Álvares de Azevedo, Fagundes Varela, Rui Barbosa e Joaquim Nabuco. Os estudantes discutiam...

SEGUNDO QUADRO

Arcadas da Faculdade de Direito de São Paulo. Estudantes que entram e saem.

CENA ÚNICA

Um grupo de estudantes discute o mundo do futuro. Entre eles está Castro Alves.

PRIMEIRO ESTUDANTE [*exaltado*]
   Daqui a cem anos só a força bruta persistirá. Um ditador qualquer, brutal e insensível, dominará o mundo...

SEGUNDO ESTUDANTE
   Isto é um absurdo. Não sabes o que dizes. No futuro os homens de ciência farão tais descobertas que a eles caberá o domínio do mundo...

TERCEIRO ESTUDANTE
   Nem os brutos nem os cientistas. Serão os místicos, pregando mais uma vez o perdão e a renúncia...

PRIMEIRO ESTUDANTE
   E tu, Castro Alves, que dizes?

SEGUNDO ESTUDANTE
Não escreveste um poema sobre o assunto?

TERCEIRO ESTUDANTE
Chama-se "O vidente", não é verdade?

CASTRO ALVES
Sim, é verdade. Porém discordo de todos os que aqui falaram sobre o mundo do futuro. Serão a liberdade e o trabalho irmanados. Ouvi:

Eu vejo a terra livre... como outra Madalena,

[...]

E, enquanto, sob as vinhas, a ingênua camponesa
Enlaça às negras tranças a rosa da devesa;
Dos saaras africanos, dos gelos da Sibéria,
Do Cáucaso, dos campos dessa infeliz Ibéria,

Dos mármores lascados da terra santa homérica,
Dos pampas, das savanas desta soberba América
Prorrompe o hino livre, o hino do trabalho!
E, ao canto dos obreiros, na orquestra audaz do malho,
O ruído se mistura da imprensa, das ideias,
Todos da liberdade forjando as epopeias,

[...]

Quebraram-se cadeias, é livre a terra inteira.

PANO

PRIMEIRA FALAÇÃO DO AUTOR

[continuação]

AUTOR [*que se conservou num canto do palco*]
Tornou-se o líder inconteste dos estudantes. Mas, logo depois, o era também de todo o povo paulista, pois continuava sua jornada de glórias entre as multidões, levantando-as e ensinando-lhes o caminho para a liberdade. No Dois de Julho, data da independência baiana, declama sua "Ode aos Dois de Julho", que arrebata a multidão:

Não! Não eram dois povos, que abalavam
Naquele instante o solo ensanguentado...
Era o porvir — em frente do passado,
A liberdade — em frente à escravidão.

UM ESPECTADOR [*interrompendo da plateia*]
Esses versos parecem escritos para os dias de hoje sobre a luta entre a democracia e o fascismo. O porvir em frente do passado. Este homem adivinhava...

AUTOR

Exatamente. Muitos versos seus parecem escritos para o nosso tempo. Eis por que ele é imortal. Mas continuemos. Joaquim Eulálio, o eminente ator, leva à cena o *Gonzaga*. Mais uma vez, Eugênia Câmara é Marília e mais uma vez Castro Alves é carregado em triunfo. Quando da questão Zacarias, quando os liberais são alijados do poder pelo Imperador, São Paulo se movimenta, um sopro de revolta percorre a cidade. O Ateneu Paulistano reúne nos seus salões os políticos e a mocidade num *meeting* monstro. Joaquim Nabuco e Ferreira de Meneses protestam contra o ato do governante. E, naquele conflito entre monarquistas conservadores e liberais, ouve-se, inesperadamente, a palavra republicana...

TERCEIRO QUADRO

Salão do Ateneu Paulistano. Políticos e estudantes.

CENA ÚNICA

Quando o pano suspende os estudantes e os políticos aplaudem Joaquim Nabuco que se encontra na tribuna. Castro Alves está a um canto.

JOAQUIM NABUCO [*terminando seu discurso*]
E que reflita Sua Majestade, o Imperador, na importância política do seu ato que veio afastar do poder os seus súditos mais fiéis, que são também os servidores mais ardentes da Pátria. [*aplausos*] E que, tendo refletido, volte a entregar a direção dos negócios públicos àqueles que têm sabido honrar a confiança do Brasil e de Sua Majestade. Eis o que o povo espera do patriotismo indiscutível do Imperador. [*aplausos. Joaquim Nabuco deixa a tribuna*]

VOZES
Fala Castro Alves! Castro Alves!

CASTRO ALVES [*subindo à tribuna*]
Senhores! Álvares de Azevedo, outrora, atirou as suas estrofes no tapete de um rei, pedindo a vida de um herói; eu jogo as

minhas no coração da mocidade, pedindo-lhe o óbolo da imortalidade para o filho espúrio da realeza: Pedro Ivo!

Pernambuco! Um dia eu vi-te
Dormindo imenso ao luar,
Com os olhos quase cerrados,
Com os lábios — quase a falar...
Do braço o clarim suspenso,
— O punho no sabre extenso
De pedra — recife imenso,
Que rasga o peito do mar...

[...]

Naquele crânio entra em ondas
O verbo de Mirabeau...
Pernambuco sonha a escada,
Que também sonhou Jacó;
Cisma a República alçada,
E pega os copos da espada,
Enquanto em su'alma brada:
"Somos irmãos, Vergniaud".

[...]

República!... Voo ousado
Do homem feito condor!
Raio de aurora inda oculta
Que beija a fronte ao Tabor!

PANO

PRIMEIRA FALAÇÃO DO AUTOR

[continuação]

AUTOR [*que conservou-se num canto do palco*]
A Sete de Setembro, data máxima da Pátria, o Ginásio Literário faz realizar num teatro paulista as comemorações da Independência. De um camarote Castro Alves ergueu sua voz para clamar pelos negros, sem cuja libertação não estaria completa a Independência política do Brasil. Diz "O navio negreiro", seu poema máximo...

QUARTO QUADRO

Ao abrir-se o pano há no palco uma alegoria ao Sete de Setembro. Bandeiras imperiais, flores.

CENA ÚNICA

Luz sobre um camarote onde Castro Alves declama.

CASTRO ALVES [*declamando*]

Negras mulheres, suspendendo às tetas
Magras crianças, cujas bocas pretas
        Rega o sangue das mães:
Outras, moças... mas nuas, espantadas,
No turbilhão de espectros arrastadas,
        Em ânsia e mágoas vãs.

E ri-se a orquestra irônica, estridente...
E da ronda fantástica a serpente
        Faz doidas espirais...
Se o velho arqueja... se no chão resvala,
Ouvem-se gritos... o chicote estala.
        E voam mais e mais...

Presa nos elos de uma só cadeia,
A multidão faminta cambaleia,
        E chora e dança ali!

[...]

Um de raiva delira, outro enlouquece...
Outro, que de martírios embrutece,
Cantando geme e ri!

UMA VOZ [*na plateia*]
 Libertemos os negros!

OUTRA VOZ
 Viva a Abolição!

                        PANO

PRIMEIRA FALAÇÃO DO AUTOR

[conclusão]

AUTOR [*que se conservou num canto do palco*]
São Paulo levantou-se à voz do poeta. Fez-se campeã da causa abolicionista; fez-se republicana. A liberdade andava seu caminho, Castro Alves realizava sua pregação incansável. Mas a liberdade custa, por vezes, mais que a própria vida. Custa também o amor... Aconteceu certa noite...

QUINTO QUADRO

Sala da casa de Castro Alves e Eugênia Câmara, em São Paulo. Mobília ao gosto da época. Um piano a um canto.

CENA PRIMEIRA

Em cena: Eugênia Câmara, logo depois Castro Alves. Ao levantar o pano, Eugênia anda pela sala, saltitante e alegre. Canta um fado dolente, que fala de amor. Castro Alves entra em cena por uma das saídas laterais, vestido para uma festa, cartola e bengala na mão.

EUGÊNIA [*reparando nos trajes de Castro Alves e perdendo toda alegria*]
  Vais sair?

CASTRO ALVES [*sem notar a mudança de Eugênia*]
  Vou, querida...

EUGÊNIA
  Até hoje...

CASTRO ALVES
  Hoje? Que tem de especial o dia de hoje?

EUGÊNIA
Já nem te recordas...

CASTRO ALVES [*recordando-se*]
Ah! querida, é verdade... Há três anos já que nos amamos.... Sabes que te amo cada vez mais? Três anos... Parece que foi ontem... [*anda para Eugênia, tenta beijá-la, mas ela se desvia*]

EUGÊNIA
Como crer em tuas palavras? Dizes que parece que foi ontem e ages como se já toda uma eternidade houvesse passado...

CASTRO ALVES
Que queres dizer?

EUGÊNIA
Não vais sair?

CASTRO ALVES
E tu? Não vais também representar? Depois do espetáculo nos encontraremos para festejar nossa data, querida. Vou buscar-te ao teatro...

EUGÊNIA
Hoje é dia de descanso da Companhia. Até isto esqueceste...

CASTRO ALVES
Tens razão... Mas não te zangues... Voltarei logo que me seja possível. Infelizmente não posso levar-te. É um sarau em casa particular. Do dr. Lopes dos Anjos e vou dizer as "Vozes d'África"...

EUGÊNIA
E não podes sacrificar um sarau para ficar comigo?

CASTRO ALVES
Eugênia, peço-te que compreendas... Não se trata do sarau. Trata-se da oportunidade de levantar mais uma vez a minha voz pela Abolição. Sabes que escrevi este poema exatamente para dizê-lo hoje. A ocasião é única. Em casa do dr. Lopes dos Anjos encontrarei reunido o melhor de São Paulo. Homens que quero ganhar para a causa dos escravos...

EUGÊNIA
Já estou cansada destas desculpas... Será pelos negros ou será por sinhá Lopes dos Anjos que não podes faltar?

CASTRO ALVES
Já começas com teus ridículos ciúmes. Sabes perfeitamente que só tenho um amor e és tu. As outras não me importam. Vou à festa, bem o sabes, apenas para ter ocasião de continuar a minha campanha. Sabes também que esta é minha obrigação, o meu dever para com a liberdade...

EUGÊNIA
Quantas amantes não encobres sob o manto da liberdade...

CASTRO ALVES [*irritado*]
Não digas coisa tão vil... Não sejas tão mesquinha...

EUGÊNIA
Mesquinha? Eu, que abandonei tudo para seguir-te? Não tens coração...

CASTRO ALVES [*brando*]
Ouve, Eugênia... Tranquiliza-te, não vamos fazer mais uma cena, destas que estão ficando tão comuns entre nós e que estão matando o nosso amor...

EUGÊNIA
O que não dirás ainda de mim?

CASTRO ALVES
Digo que és a mais bela, a mais bondosa e a mais fiel das mulheres. Mas precisas compreender que se eu saio é porque necessito sair... Tens que arrancar do teu coração esta desconfiança...

EUGÊNIA
Dá-me uma prova...

CASTRO ALVES
Quantas quiseres. [*sentam-se os dois e ele toma-lhe das mãos*]

EUGÊNIA
Então fica hoje comigo...

CASTRO ALVES
Não posso, Eugênia. O sarau foi organizado em minha honra. O dr. Lopes dos Anjos convidou toda a gente grada. Estão ansiosos por ouvir as "Vozes d'África". Não posso ficar, acredita. Tenho que ir... [*consulta o relógio*] E tenho que ir imediatamente, pois já estou atrasado. [*faz um movimento para levantar-se mas Eugênia segura-o, impedindo*]

EUGÊNIA [*a voz súplice*]
Não vás, eu te suplico...

CASTRO ALVES
Tenho que ir... Mas voltarei logo após ter declamado. Inventarei uma desculpa qualquer e aqui estarei ao teu lado...

EUGÊNIA [*como num pedido de socorro*]
Não. Não deves ir. Tenho medo, Castro. Não vás, eu te peço... Ficas hoje tão somente...

CASTRO ALVES
Isto é um capricho sem explicação, Eugênia, e eu não posso sacrificar a um capricho teu um dever meu. Até logo. [*desprende-se dos braços de Eugênia e levanta-se*]

EUGÊNIA
Mais uma vez te peço: fica!

CASTRO ALVES [*tomando a direção da porta de saída*]
Quando eu voltar tua raiva terá passado. Terás refletido e me pedirás perdão...

EUGÊNIA [*levantando-se bruscamente*]
Não, é melhor que não voltes... Fica de uma vez... [*pausa. Ao ver Castro Alves se retirar, sua raiva aumenta*] Adeus! [*depois que Castro Alves sai Eugênia leva um segundo parada em cena, olhando a porta, depois corre até à janela. Volta lentamente para o meio da cena*] E ele partiu... Não sou mais ninguém para ele... Sua campanha, sua República, seus negros, sua liberdade... Não suporto mais...

CENA SEGUNDA

Eugênia e Furtado Coelho.

FURTADO COELHO [*surgindo à porta*]
Não suportas mais? Bem que eu te avisei... [*entra na sala*]

EUGÊNIA
És tu, Furtado? [*afetando alegria*] Foi bom que viesses. Sim, tinhas razão... Leva-me daqui, já não posso mais. Ainda gostas de mim como antigamente, como em Lisboa? E champanha? Onde encontraremos champanha, muito champanha? [*fala tudo isso nervosamente, como quem quer fazer algo antes que se arrependa*] Saímos ou ficamos aqui mesmo? Onde vamos?

FURTADO COELHO
Certa vez te aconselhei. Não me quiseste ouvir. Ainda sou teu amigo mas se o que procuras é alguém que te ajude a atirar lama sobre o teu amor, então não contes comigo...

EUGÊNIA
Tu ou outro, que importa? O importante... O importante...
[*rompe num choro convulso*]

FURTADO COELHO
E o que consideras importante?

EUGÊNIA
O importante é magoá-lo, feri-lo, humilhá-lo... Ah! Furtado, vou humilhá-lo tanto... tanto... com o primeiro que aparecer, com muitos outros, com todos os demais, com todos os que o desejem, seja quem for, contanto que ele saiba... Vou humilhá-lo tanto!

FURTADO COELHO
Não, não vais humilhá-lo, Eugênia. Vais matá-lo!
PANO

SEXTO QUADRO

Morrem os bicos de gás na sala abandonada da casa de Eugênia Câmara. Lá fora, o ruído do vento. Quando o pano levanta a sala está deserta.

CENA ÚNICA

Em cena: Castro Alves, depois estudante.

CASTRO ALVES [*entra alegre, gritando*]
Eugênia! Eugênia! [*silêncio*] Eugênia! [*como ninguém atende, ele sai do palco por uma das portas laterais. A cena fica vazia. Ouve-se apenas a voz do poeta, chamando por Eugênia. Ele volta à cena pela porta do outro lado. Vem acabrunhado, como quem está muito cansado. Senta-se no sofá, olha a sala onde morrem os bicos de gás*] Foi embora... Deixou-me... Que lhe fiz eu? Senhor, que injustiça! Que desgraça, Senhor! [*tapa o rosto com as mãos*]

ESTUDANTE [*chegando à porta do fundo*]
Com licença... [*como ninguém responde ele insiste em voz mais alta, cada vez mais alta*] Com licença... Castro Alves, com licença...

CASTRO ALVES [*com o olhar distante*]
O que é?

ESTUDANTE [*admirado*]
　Aconteceu alguma coisa?

CASTRO ALVES
　Que queres?

ESTUDANTE
　Que tens?

CASTRO ALVES
　Eugênia...

ESTUDANTE [*aflito*]
　Que houve?

CASTRO ALVES
　Deixou-me...

ESTUDANTE
　Eugênia? Abandonou-te? Bem pareceu-me reconhecê-la...

CASTRO ALVES [*ansioso*]
　Onde? Que fazia?

ESTUDANTE
　Desculpa, Castro... Ia com outro...

CASTRO ALVES
　Sim... Compreendo... [*novamente coloca a cabeça entre as mãos*]
　Que desgraça!

ESTUDANTE [*após um segundo de silêncio*]
　Castro Alves...

CASTRO ALVES [*ainda na mesma posição*]
Ainda estás aqui? Que queres de mim?

ESTUDANTE
É que... [*pausa*] Desculpa...

CASTRO ALVES
Fala...

ESTUDANTE
Nós te procurávamos para uma passeata abolicionista que vamos realizar ainda esta noite. Coisa improvisada de repente... Falarão Rui e Nabuco. Pensamos que não podias faltar... Mas...

CASTRO ALVES
Uma passeata?

ESTUDANTE
À frente iriam os negros que libertamos com a última campanha financeira. Esperávamos que falasses. Que declamasses as "Vozes d'África". Sem ti... é melhor não fazer nada...

CASTRO ALVES [*levantando-se, pondo a mão sobre o ombro do estudante*]
Sobre toda a dor individual, amigo, deve ser colocada a felicidade coletiva. Estou às suas ordens. Vamos...

PANO
FIM DO TERCEIRO ATO

EPÍLOGO

FALAÇÃO DO AUTOR

AUTOR [*vindo da plateia, atravessando todo o teatro, chega ao palco*]
E em verdade, ela o matou. Porque, sem seu amor, a vida para ele já não teve alegrias. As mulheres sucederam-se em seus braços numa longa lista de nomes apaixonados. Mas o moço poeta continuava a sonhar com Eugênia Câmara. E, sequioso de solidão, fugia para as caçadas na floresta, onde escondia a sua amargura. Foi numa destas caçadas que, ao pular um riacho, a arma desfechou e atingiu-lhe um pé. No leito, Castro Alves continuou a esperar Eugênia Câmara. A tuberculose, nascida da debilidade física trazida pela gangrena do pé ferido, foi sua companheira. Dez vezes esteve à morte em São Paulo. A cidade acompanhava, numa solicitude carinhosa, o sofrimento do seu poeta. Trouxeram-no para o Rio de Janeiro onde os médicos o operaram, amputando-lhe o pé. Levantou-se então, aleijado, as faces comidas pela tísica, ainda assim um belo moço romântico e infeliz que se fazia amar por todas as jovens que o viam. No Rio, foram Cândida Garcez e Maria Cândida, foi também Eulália Filgueiras cujo puro amor ele não aceitou, já não tinha coração que lhe entregar. Seriam depois Inês, a estrangeira, e mais uma vez Leonídia Fraga, a intrépida sertaneja, seu doce amor juvenil,

por fim a italiana Agnese Trinci Murri. Mas nenhuma delas tomaria realmente o lugar de Eugênia Câmara. O coração do poeta estava queimado por estranho fogo e fora ela, Eugênia, quem o queimara. Assim ele escreveu.
Certa tarde, em casa de Luís Cornélio dos Santos, um amigo trouxe a Castro Alves a notícia de que Eugênia também estava na Corte, no teatro Fênix Dramática, onde estreara a companhia do cômico Vasques, na qual Eugênia cantava fados e representava... Naquela noite ele foi o primeiro a chegar ao teatro, escondendo as muletas com que era obrigado agora a caminhar. Queria vê-la, mas não queria ser visto. Há dois anos já que não aparecia em público. Na semiobscuridade do camarote, ele ouvia Eugênia cantar, com o coração tremente...

PRIMEIRO QUADRO

Palco, camarotes, torrinhas e algumas cadeiras da plateia do teatro Fênix Dramática.

CENA ÚNICA

Quando o pano sobe, Eugênia Câmara no palco canta um fado dolente. Os refletores do teatro iluminam um camarote onde se debruça Castro Alves. Conforme as necessidades da cena vão sendo iluminadas figuras da plateia, de um camarote, das torrinhas.

MULHER [*na plateia, falando para sua vizinha de cadeira e apontando para o camarote onde está Castro Alves*]
Olha quem está naquele camarote!

SEGUNDA MULHER
Quem é? Será possível? É...

PRIMEIRA MULHER
Castro Alves!

UM POETA [*na plateia, tomando seu vizinho pelo braço. Estão no fundo do teatro, encostados a uma coluna*]
Olha aquele camarote... Não reconheces?

O VIZINHO
 É Castro Alves!

UM HOMEM MOÇO [*num camarote onde se encontra uma família rica, chamando a atenção dos demais*]
 Estão vendo aquele camarote do outro lado?

MOÇA
 Onde está um rapaz sozinho? Bonito e triste...

UM HOMEM MOÇO
 É Castro Alves, o poeta. Foi amante de Eugênia Câmara...
 Dizem que não terá nem seis meses de vida...

MOÇA
 Coitado! Tão bonito!

UM ESTUDANTE [*nas torrinhas para os outros estudantes também nas torrinhas*]
 Vejam! Naquele camarote! É Castro Alves!

ESTUDANTES
 É Castro Alves, sim... [*Os estudantes começam a gritar o nome do poeta, interrompendo Eugênia que canta. Da plateia também partem gritos: "Castro Alves! Castro Alves!".*]

EUGÊNIA [*Ao ouvir os primeiros gritos interrompe o canto, relanceia um olhar desvairado pelo teatro, depois continua a cantar maquinalmente procurando o poeta com os olhos. De repente o vê no camarote onde ele se levanta muito pálido, e para seu canto subitamente, quase tão pálida quanto ele. Murmura palavras ininteligíveis, enquanto a multidão aplaude o poeta e grita o seu nome.*]
                PANO

SEGUNDO QUADRO

Sala da casa de Eugênia Câmara no Rio. Um piano a um canto. Móveis ao gosto da época.

CENA ÚNICA

Quando o pano é suspenso a mucama Caú cochila numa cadeira. Ouvem-se sons de passos lá fora e a mucama desperta.

CAÚ
Lá vem iaiá Eugênia... Como virá hoje? Alegre ou triste? Desde que ioiô Castro foi embora nunca mais ela foi a mesma... [anda para a porta que abre. Eugênia entra, a face radiante]

EUGÊNIA
Adivinha quem vem aí, Caú?

CAÚ [adivinhando]
Para a senhora estar tão alegre só pode ser...

EUGÊNIA
É ele mesmo, Caú.

CASTRO ALVES [aparece à porta e dá dois ou três passos pelo palco, apoiado às muletas que a grande capa negra encobre em parte]
Boa noite, Caú...

CAÚ [*recuando ao ver a palidez marmórea do poeta e ao constatar que ele está aleijado. Sua voz é como um lamento*]
    Ioiô Castro!

CASTRO ALVES [*de quem Eugênia se aproximou e em cujo ombro ele se apoia*]
    Estou tão desfigurado assim? Tão mudado que tu não me reconheces quase? Tão feio que não te aproximas de mim?

CAÚ [*caindo de joelhos e beijando-lhe as mãos chorando*]
    Ioiô Castro, quanto deve ter sofrido... Mas agora vai ser tudo novamente bom, não vai?

CASTRO ALVES [*alisando-lhe a carapinha*]
    Vai, Caú, quero conversar com tua ama... Adeus... [*Caú sai em lágrimas*]

EUGÊNIA
    Sentemo-nos, amor...

CASTRO ALVES [*num sorriso doloroso*]
    Pensas que já não posso me manter em pé?

EUGÊNIA
    Querido, atende: não fiques assim desconfiado... Não imaginarás nunca a alegria... [*ajuda-o a sentar-se. As muletas rolam pelo sofá num ruído*]

CASTRO ALVES
    Como acreditar, Eugênia? Vivi em agonia dois anos, em São Paulo e no Rio. Uma visita tua, um recado apenas, teria sido o bastante talvez para me salvar...

EUGÊNIA
    Eu estava louca, amor... Louca de ciúmes, de orgulho ferido, e

diariamente sufocava os gritos de meu coração que te chamava. Fui mesquinha e má, mas sofri muito. Não me culpes...

CASTRO ALVES
A culpa foi minha, Eugênia, ao acreditar que alguma mulher pudesse...

EUGÊNIA
Sim, nenhuma mulher é digna da tua vida. Nasceste para um destino maior e qualquer mulher que tentasse dominar teu coração te mataria. Um dia mo disseram e minha desgraça foi não ter acreditado naquelas palavras tão verdadeiras... As mulheres para ti só podiam valer como alegria ocasional, só podiam estar perto de ti como escravas da tua vida, jamais como senhoras do teu coração... Teu coração sempre pertenceu a outra, Castro... [*pausa*] Teu coração sempre foi da liberdade...

CASTRO ALVES
Mas tu me traíste e te foste...

EUGÊNIA
Tu é que me traíste. Eu desejava todo o teu coração e teu inteiro amor. Diariamente me traías. Para a liberdade é que vivias, por ela é que sentias e realizavas. Quando te deixei é porque já não podia mais...

CASTRO ALVES
E me mataste!

EUGÊNIA
Não compreendia então que necessitasses tanto de mim. Talvez tenha te sacrificado ao meu egoísmo. Mas, Castro, só uma santa poderá ser companheira de um poeta da liberdade, de um líder do povo. Perdoa...

CASTRO ALVES
Há muito que te perdoei, porque nunca deixei de te amar... Sabes que te amo ainda mais do que antigamente?

EUGÊNIA
Escreveste poemas terríveis contra mim...

CASTRO ALVES
Porque te amava e não podia arrancar-te deste coração que desgraçaste...

EUGÊNIA
Li todos eles com lágrimas nos olhos [*declama*]

Debalde... Seu lugar era vazio...
E meu lábio queimado e o peito frio,
foi ela que o queimou...

CASTRO ALVES
Mas escrevi também:

Não quero mais teu amor! Porém minh'alma
Aqui, além, mais longe, é sempre tua.

EUGÊNIA
Ouve, amor. Deixemos as recriminações e as tristezas. Hoje é o dia do nosso reencontro e tu me ensinaste que a noite é para o amor...

CASTRO ALVES
O amor já não existe para mim, Eugênia. Mataste-o...

EUGÊNIA
Querido, ouve, atende... Ficaremos juntos e cuidarei de ti... Dedicarei todas as minhas horas à tua saúde... Ficarás bom e

nossa vida será novamente alegre, cheia de amor, como nos primeiros tempos... Fica comigo e serei tua amante, tua irmã e tua amante, tua irmã e tua mãe, tua enfermeira e tua amiga...

CASTRO ALVES
Ainda me queres?

EUGÊNIA [*atirando-se a seus pés e beijando-lhe as mãos*]
Não vês que te amo com loucura? Tudo o que desejo é ter-te junto a mim, para sempre. [*ele a suspende e beijam-se longamente*]

CASTRO ALVES
É loucura, Eugênia...

EUGÊNIA [*convincente*]
Não, amor, não é loucura... Fica e seremos novamente felizes...

CASTRO ALVES [*fazendo Eugênia sentar-se novamente a seu lado*]
Agora é a tua vez de escutar. Bem sabes que não posso ficar...

EUGÊNIA
Por quê? Pelo que te fiz?

CASTRO ALVES
Não, Eugênia. O mal que nós fizemos já o resgatamos com o sofrimento. Já estamos limpos de todo o passado... Não posso ficar porque resta-me pouco tempo...

EUGÊNIA
Pouco tempo?

CASTRO ALVES
Pouco tempo, sim, muito pouco tempo. Talvez viva ainda um ano, talvez nem isso... Já não tenho pulmões...

EUGÊNIA
Eu te curarei...

CASTRO ALVES
Ninguém mais pode curar-me. É muito tarde já e os médicos foram francos. E ainda preciso escrever muito...

EUGÊNIA
Escreverás ao meu lado...

CASTRO ALVES
Não, Eugênia... Não serão versos de amor que escreverei... Lembras-te da nossa primeira noite de amor que foi pela manhã? Lembras-te que te falei então de um negro de nome Lucas que havia fugido e da sua trágica história?

EUGÊNIA
Lembro-me...

CASTRO ALVES
Disse-te então que um dia escreveria um largo poema sobre Lucas. Vou escrevê-lo... Minha missão não está todavia terminada. A liberdade ainda não raiou para o Brasil. E a ela devo meus últimos dias, minhas últimas forças, meus últimos versos... Volto para a Bahia, vou para o sertão escrever o poema de Lucas. Dar-lhe-ei por cenário o São Francisco...

EUGÊNIA
Teus últimos dias... Para a liberdade...

CASTRO ALVES
Compreende e aceita, querida. Oh! seria doce e formoso morrer em teus braços, embalado pelo teu carinho, fechada a boca agonizante com um último beijo de amor... Seria belo e

a morte se me assemelharia uma festa... Mas, Eugênia, a liberdade me chama.

EUGÊNIA
Não te pertences, certa vez me disseste...

CASTRO ALVES
Sim, não me pertenço. Sou de milhares e de milhões espalhados no mundo de sofrimento que gemem sob o terror, o obscurantismo, a tirania... A eles eu me devo, à luta pela liberdade... Vou partir que ela me chama para o último encontro. Talvez ainda me reste tempo de escrever também uma epopeia sobre os negros de Palmares, que preferiram a morte à escravidão...

EUGÊNIA
Teus últimos dias... E tu os furtas ao amor... És nobre demais para qualquer mulher, querido... [*pausa*] E acreditas que ainda verás a Abolição e a República e o mundo que sonhas tão formoso e tão livre?

CASTRO ALVES
Não, não verei nada disso. Mas adivinho tudo isso... E quero ajudar até o meu último instante a que esses sonhos se transformem em realidade. Eu vejo, Eugênia, em minhas noites solitárias, o mundo que os homens construirão. Custará sangue e vidas, a minha e a de muitos outros. Talvez de milhares e milhões. Mas será o mundo livre e então a vida será perene alegria e perene beleza. Não mais escravos de nenhuma espécie. Não mais humilhados, não mais miseráveis. A terra será de todos e os frutos das árvores a todos pertencerão. As máquinas trabalharão para todos os homens, os livros estarão em todas as mãos, a liberdade será bem de toda a gente, o trabalho uma alegria cotidiana. O mundo será uma festa e então o amor poderá crescer em todos os corações. [*inspirado,*

prossegue] Sim, eu vejo o mundo livre de amanhã. Depois de mil batalhas, os homens conquistarão o futuro e construirão a vida. Esta batalha, Eugênia, [*volta-se para ela, toma-lhe das mãos*] começou há muito. Está se processando hoje também e eu tenho o meu lugar marcado na trincheira. Não posso abandoná-lo antes de morrer... [*levanta-se, toma das muletas, prepara-se para partir. Eugênia levanta-se também, fica parada ante ele, as lágrimas começam a rolar dos seus olhos*]

CASTRO ALVES
Não chores, amor! Quero ver-te sorrir, assim quero me recordar de ti... Quero que compreendas... Sorri, eu te peço.

[*Eugênia sorri por entre as lágrimas, ele a beija e parte. Não volta a olhar nem da porta. Quando ele desaparece, Eugênia fica parada, o sorriso foge dos seus lábios, e apenas um grito atravessa o teatro e se perde ao longe.*]

EUGÊNIA
Castro Alves!

PANO

Bahia, 1944

posfácio

Jorge Amado, dramaturgo

Aderbal Freire-Filho

A criação dramática de Jorge Amado — de todos os gêneros: tragédia, comédia, drama histórico, pastoral, pastoral-cômico, histórico-pastoral, trágico-histórico ou trágico-cômico-histórico-pastoral, como diria o ministro Polonio — é vasta, variada e vigorosa, embora ele só tenha escrito uma peça, esta. Sua presença no teatro brasileiro — todos os teatros: teatro eletrônico ou teleteatro, teatro industrial ou cineteatro, teatro artesanal ou teatro — talvez seja comparável apenas à de outro autor da sua grandeza, Nelson Rodrigues.

A espécie dos autores dramáticos que não escreveram peças de teatro é ao mesmo tempo antiga e novíssima. Remonta aos primórdios das civilizações, quando os contadores de histórias não eram classificados segundo gêneros, uma vez que ainda não existiam críticos. E, por outro lado, a dita "nova dramaturgia" despreza categorias consagradas do dramático, algumas vezes até personagens e diálogos. *Primeiro amor*, de Beckett, é uma peça de teatro, uma novela, um conto ou o quê?

Quero destacar que o caminho para a "nova dramaturgia" começou pela demolição do palco realista. Antes do surgimento de novos dramaturgos e já carente de uma dramaturgia que não tivesse sido escrita para um palco restrito, o teatro foi ao encontro dos narradores. Daí, os autores dramáticos que não escreveram peças, mas romances, contos, novelas. Suas peças terão sempre coautores — os adaptadores —, muitas vezes vítimas de preconceito. Em defesa deles vale dizer que a culpa não é do gênero adaptação, mas sim, como em qualquer gênero, dos maus praticantes. Por estarem sujeitos à comparação com os autores das obras adaptadas, os maus adaptadores ficam mais visíveis, o que contribui para o preconceito. Nessa coautoria, o dramaturgo narrador no original entra com o ouro: personagens, a trama e com tanto mais quanto melhor for o coautor, isto é, o adaptador. Esse dramaturgo não pode ser considerado menos autor do que um dramaturgo de nascença pelo simples fato de ter um parceiro, um coautor. Afinal, o que é um leitor, um puro e simples e bom leitor, senão um coautor? Portanto, nada de diferente, a não ser que a coautoria do adaptador torna-se conhecida e a do leitor comum dorme com ele. O ruim para o autor é não escolher seu adaptador, sei lá quem é esse cara, o que ele vai fazer, no que ele vai mexer, se vai tirar a cena (o capítulo) de que eu gosto mais... Bom, é da vida. Ou melhor, da morte, pois é depois de morto o autor, definitivamente, não tem mais possibilidade de escolher seus parceiros.

Vi uma foto de Jorge Amado com Floriano Teixeira num dos livros reeditados pela Companhia das Letras (depois conto minha história de identificação com Jorge Amado, que não se deve ao teatro, como tinha que ser, mas ao Floriano). Na foto, os dois estão discutindo a relação, isto é, estudando ilustrações do desenhista para um livro do escritor, em pleno trabalho de colaboração. Assim deveriam ser as coisas, mas nem sempre, ou quase nunca, acontece assim nas adaptações. O acaso, que organiza até casamentos felizes, pode no entanto criar boas parcerias. De saída, já existe um bom sinal, o da atração que o texto original exerce sobre o adaptador para que este queira mostrá-lo no teatro (no cinema, na televisão). Falo como adaptador: alguns dos romances que encenei praticamente só "adaptei" cenicamente, sem fazer qualquer adaptação literária, deixando-os na sua forma narrativa, e isso pelo prazer que as palavras originais me despertavam e que eu quis compartilhar com o público. Lembro da minha juventude em Fortaleza, no Café América, que não servia cachaça na mesa, éramos obrigados a aceitar que viesse misturada com refrigerante. Meu primo Aquino pedia sempre uma colherinha e mexia, mexia. A quem perguntava, respondia: pra não perder nada da cachaça. Assim faço eu, misturando muito do romance com a cena, para não perder nada da cachaça.

Enfim, o teatro de Jorge Amado pode ganhar no palco (ou na tela) a vida intensa e verdadeira que dá carne a nossa imaginação. Vi há pouco tempo no cinema *A morte e a morte de Quincas Berro Dágua*, que li há muito mais tempo. E descobri agora que já naquela minha leitura o Quincas Berro Dágua era a cara do Paulo José, nosso grande e querido ator.

Autor, portanto, de uma dramaturgia latente em seus romances, Jorge Amado escreveu ainda uma peça de teatro. Como não foi montada, muita gente não a conhece, mesmo sendo Jorge Amado o romancista brasileiro que todos amamos, nosso Victor Hugo, nosso Balzac, nosso Dickens. Em outro gênero, este dos prefácios e posfácios (exercícios de admiração), Jorge Amado apresentou a edição conjunta dos romances de Campos de Carvalho. E mostrou seu entusiasmo pelo "grande romancista, tão diferente e único", dizendo que graças àquela edição dos romances reunidos de Campos de Carvalho tinha "vontade de sair gritando aleluia pelo Rio Vermelho afora: uma das obras maiores da literatura brasileira, por tantos anos esquecida, reencontra o caminho do público e do reconhecimento da crítica". Pois também tenho vontade de sair pelas ruas de Ipanema gritando o que pouca gente sabe: "Aleluia, aleluia, Jorge Amado também escreveu uma peça de teatro!". Diferentemente do querido Campos de Carvalho, dramaturgo da mesma espécie — estiveram em cartaz, recentemente, *O púcaro búlgaro*, *A Lua vem da Ásia* e *A vaca de nariz sutil* — e que não escreveu nenhuma peça de teatro, Jorge Amado escreveu *O amor do soldado*.

É curioso que, apesar de ter se aventurado nas artes dramáticas, tenha virado dramaturgo pelos romances e que justamente sua única peça nunca tenha sido montada. Será que ela é ruim? Você leu, sabe que não. Arrisco uma explicação para esse mistério.

O teatro, não só o brasileiro, tinha se afastado de Shakespeare, da fé na fantasia, tinha caído na real (isto é, no real) e já não era o teatro ilimitado, o vasto teatro do tamanho do mundo. Assim, passou a viver na sala — às vezes muito bem, com Tchékhov, Ibsen e outros —, no espaço dos poucos metros quadrados do palco, e não nos espaços infinitos em que a cena avança pela imaginação dos espectadores. Naquele espaço restrito, a peça de Jorge Amado não cabia.

Não se tratava de um problema exclusivo do teatro brasileiro. As peças do próprio Shakespeare eram apertadas nesse saco estreito e eram vítimas, até na Inglaterra, das montagens ditas clássicas, que de clássicas não tinham nada e, mesmo abençoadas por atores maravilhosos, sofriam.

Para entender o pensamento da época, basta ver o que comentou o grande ator John Gielgud sobre as duas primeiras cenas de Ofélia na casa de Polonio, em *Hamlet*:

> [...] o público tende mais a relaxar-se do que a aumentar a tensão da sua atenção, em especial quando no teatro moderno [sic] o normal é que se façam (estas cenas) diante de um telão e tenho a impressão de que o público reage a elas de modo muito parecido ao das crianças: lhes custa prestar atenção a uma cena feita diante de um telão, porque sabem que atrás se está preparando algo surpreendente e, subconscientemente, estão desejando ver o que será.

Baixar um telão, mudar o cenário atrás a marteladas, ou seja, entrar na cabeça do pobre espectador a marteladas? Pois assim estava o teatro quando Jorge Amado escreveu sua peça. "Ah, é cinema", ouvi muita gente dizer depois de ler peças ambiciosas aí pelos anos 1970, quando começava essa aventura de volta ao teatro ilimitado, que gosto de chamar de reinvenção do teatro.

As peças de hoje — que os cronistas atuais do teatro catalogam usando a expressão "nova dramaturgia" — respondem a essa recuperação do palco sem limites. É preciso dizer (e não estou só puxando a brasa pra minha sardinha) que os encenadores foram os responsáveis por criar uma nova poética, por abrir o terreno para que os autores corressem livres nesses campos. Como Shakespeare. O processo não foi linear, sempre os diretores antes e os dramaturgos depois. Alguns iluminados escreveram peças abertas quando os artistas da cena ainda não sabiam o que fazer com elas. Um deles, Bertolt Brecht, por não encontrar um palco que acolhesse suas peças, cuidou ele mesmo da encenação delas e começou a revolução. Mas o destino de muitos dos autores que se anteciparam ao palco aberto foi um longo esquecimento de seus textos. Talvez seja o caso de *O amor do soldado*.

Pensando em outros exemplos que possam confirmar essa tese, lembro de uma obra-prima do teatro universal, *Luces de bohemia*, de Ramón del Valle-Inclán. O genial escritor espanhol — um louco delirante, que atribuía a perda de um braço ora a um duelo, ora a uma luta com uma baleia em um naufrágio — nunca viu sua peça montada. E *Luces de bohemia* é justamente o texto fundador do célebre gênero que don Ramón María criou, o *esperpento*. Escrita em 1924, só nos anos 1960 foi encenada pela primeira vez, e na França. E ainda teve de esperar a queda do franquismo para chegar a palcos espanhóis.

Essa é minha tese para o esquecimento de *O amor do soldado*. A peça começa com uma falação do autor — ia dizer "discurso", mas Jorge Amado diz muito melhor. E aqui está a primeira prova da iluminação do autor. Enquanto o teatro dos anos 1940 (a peça foi escrita em 1943) era do tamanho do palco, do que cabia nele, Jorge Amado vai além de seu tempo e entra em cena para ampliar esse espaço, para entrar num território infinito, para pedir a participação do público. Quando o palco começou a derrubar suas paredes — para definir essa demolição fala-se no fim da quarta parede, que era a parede da convenção, a única que de fato nunca existiu concretamente; mas, como ela começa a ser feita para que a construção do espetáculo se dê no palco pleno da imaginação, prefiro falar da derrubada de todas as paredes do palco, de todos os limites —, quando esse movimento começou, o teatro pedia, implorava, impunha diferentes tipos de participação do público. Nas décadas de 1960 e 1970 começou um movimento (de mover-se, ir em direção a) de atrizes e atores e encenadores em direção à plateia, arrastando espectadores para o palco, agredindo-os às vezes, forçando uma comunicação direta. Era o teatro afirmando sua vida na porrada, quando o começo da televisão e a consagração do cinema levavam os analistas apressadinhos a comer cru o caldo da história, dizendo que o teatro ia morrer. Muita gente reclamou dessa invasão, dessa revolução, houve até quem dissesse que ela afastou o público do teatro. Queixaram-se quando a invasão ficou na superfície, no corpo, mas ninguém se queixou quando a invasão chegou muito além, quando chegou ao seu destino final, à cidadela que guarda o bem mais precioso do homem: a imaginação de cada espectador. O teatro arrastou para a cena a imaginação de cada um e a construção do teatro vivo se faz com essa participação do espectador, o novo artista do teatro.

Pois em *O amor do soldado*, muitos anos antes, já está o autor, em sua falação, indo direto ao ponto, vindo em pessoa dizer que "Necessitamos da vossa ajuda. Não é fácil prender nos limites de um palco a vida de Castro Alves [...] desejamos também a vossa colaboração [...] Para começar eu vos peço que imagineis estar não neste teatro, mas, sim, no Teatro Santa Isabel, do Recife, no distante ano de 1866".

Falou e disse, essa sim é uma falação de quem sabe o que diz (e muito antes do Zé Celso passar da falação à felação). A partir desse apelo à imaginação, Jorge Amado é livre para construir *O amor do soldado*.

Uma peça sobre o amor, sobre a paixão, sobre a liberdade? Sobre tudo isso, certamente, e sobretudo uma peça sobre dois artistas e o conflito de suas escolhas. É bom lembrar que o teatro político também não estava na ordem do dia, ao menos no Brasil, quando *O amor do soldado* foi escrita, e este é mais um pioneirismo da obra. A luta pela libertação dos escravos é comparada por Jorge Amado à luta que se travava no mundo naquele momento contra o nazifascismo. Outra virtude da peça é seu casamento com a poesia de Castro Alves. O teatro, sabemos, é a arte do presente e da ilusão compartilhada, por isso, quando o personagem Castro Alves diz um poema seu em cena, é um poema novo, que recupera seu viço mesmo para quem o conhece. Em *O amor do soldado* a poesia de Castro Alves dá mais força e beleza à peça. E, de certa forma, também condiciona seu estilo, levando o dramaturgo a compor um diálogo poético. Em *A essência da poesia*, T. S. Eliot dá razão a Monsieur Jordan, o personagem de Molière, quando este diz que não fala em prosa nem em verso. Ele simplesmente conversava, diz Eliot. E essa terceira via determina um campo próprio da palavra dramática, nem prosa nem poesia. Tanto a prosa como a poesia soarão artificiais no palco, segundo Eliot, e isso impõe uma diferenciação da palavra dramática, que pode ser mais poesia ou mais prosa. Falando naturalmente, os personagens de *O amor do soldado*, talvez contaminados pelos versos de Castro Alves, estão mais perto da poesia.

Já em 1960, na era dos primeiros encenadores brasileiros (e italianos, do Teatro Brasileiro de Comédia, TBC; e do polonês Zbigniew Ziembinski, o Zimba), a crítica Zora Seljan dizia que *O amor do soldado* oferecia "matéria para um estupendo trabalho de um diretor moderno e inteligente". Eu acho que o ideal seria um diretor burro, considerando a inteligência que Nelson Rodrigues acusava de estar matando o teatro brasileiro, antes de dizer que dali em diante só daria peça sua "a diretor capaz de provar sua imbecilidade profunda". Explico. Paralelamente a todo esse movimento de reinvenção, de demolição, de construção do teatro, no século XX, existiu um culto ao "efeitismo" como extensão do próprio egocentrismo de diretores. O "efeitismo", mal duradouro no teatro brasileiro, é a profusão de efeitos "inteligentes", mais ou menos arbitrariamente pespegados à peça original. Como eles são facilmente perceptíveis, os diretores aparecem, são os identificáveis autores desses efeitos visíveis, que não se confundem com o todo da obra coletiva que é um espetáculo de teatro. Um exemplo simples é o da atualização ou modernização apenas aparente de textos clássicos, deixando no passado, no museu, suas palavras, seu sentido. O diretor de teatro é um poeta invisível, só bem conhecido dos outros artistas que trabalham com ele — o autor, cenógrafo, entre outros — e sobretudo das atrizes e dos atores. O verdadeiro teatro novo, vivo, é o que traz a ação, de verdade, para o aqui e agora. Nelson Rodrigues, grande intuitivo, percebeu isso e deu suas peças a um diretor de verdadeira inteligência, Antunes Filho, para que fizesse o que quisesse com elas. Nelson sabia que era no texto, nos seus mais profundos significados, que Antunes ia buscar a invenção da cena. Shakespeare, Brecht, Nelson Rodrigues revivem no diretor cuja verdadeira inteligência está na capacidade de misturar-se criticamente com a obra original e que é capaz de escrevê-la de novo, em outro tempo, em outras circunstâncias, sob as bênçãos de Pierre Menard, autor do *Quixote*.

Os artistas de teatro que dedicam a vida ao palco, à busca do conhecimento de seus segredos, à exploração de suas infinitas possibilidades, à demolição de suas paredes e à construção de sua poética, não podem deixar de ver esta peça de Jorge Amado como um capítulo da história da invenção do teatro no século xx, como símbolo de uma transformação. A mesma transformação que permitiu desentranhar dos romances de Jorge Amado uma extraordinária dramaturgia.

O Jorge Amado que fez nossa cabeça e nossa alma brasileiras é também um grande dramaturgo, é da nossa turma, do teatro. Eu nem precisava mais contar vantagem, mas vou contar. Tenho também outra "identificação" com ele — mania que a gente tem de encontrar pontos em comum com os homens e as mulheres que admiramos, para nos sentirmos mais próximos deles, e aumentar nossa autoestima. Eu não poderia ter escrito esse romance, pintado esse quadro, composto essa música, conduzido esse povo, mas nascemos no mesmo dia, por exemplo, e isso quer dizer alguma coisa.

Pois bem, até já adiantei de onde vem minha "identificação": é por conta do Floriano Teixeira. Eu tinha uns doze anos quando fiz minha estreia literária. Dedicado ao teatro desde mais ou menos essa idade, o que não me faltou na vida foram estreias (muitas), seguidas de temporadas de sucesso (menos) e de fracassos (mais).

Mas nenhum fracasso como o dessa carreira, a literária, que praticamente não passou da estreia. Eu estava no ginásio e escrevi uma crônica sobre minha professora primária, dona Moreninha, que docemente tinha me alfabetizado e tiranicamente me forçado a escrever com a mão direita. Mostrei o texto ao meu pai e ele, coruja, mostrou a uns amigos jornalistas. *O Correio do Ceará* (ou terá sido o *Unitário?*) publicou a crônica com ilustração do Floriano, maranhense que morou no Ceará durante vinte anos, muito desse tempo trabalhando na imprensa de lá, antes de se mudar para a Bahia e virar ilustrador de Jorge Amado. Está certo, não é uma grande identificação, foi só um dos inúmeros desenhos do Floriano nos jornais da cidade. Mas tenho outro "parentesco" com Jorge Amado, este por parte de mãe: minha mãe nasceu no mesmo ano em que o grande escritor baiano, 1912. E morreu, como ele, no começo do século XXI. E por essa coincidência cronológica gosto de pensar nele imaginando-o com os olhos de minha mãe, acompanhando a mesma história do mundo, as mesmas duas grandes guerras, os mesmos brasis (o mesmo Nordeste, o mesmo mar), o automóvel, o avião (que usaram para ir à França, que os dois descobriram antes de navio; e minha mãe: "Paris é só aquele miolinho"), o liquidificador, coca-cola, rádio de pilha... Minha mãe também era contadora de histórias, as crônicas familiares, os Pompeu, os casos da cidade, uns personagens maravilhosos. Como escritora era pouco mais do que uma especialista em cartões de toda espécie, de aniversário, de pêsames, de casamento, para um solicitadíssimo consumo familiar. Os dois amaram o teatro, que era um só quando nasceram; o primeiro filme falado só foi produzido quando eles completaram quinze anos, debutantes. Foram fãs de Procópio Ferreira e de sua menina, a brilhante Bibi. Jorge escreveu essa peça pensando nela, e minha mãe provavelmente teria visto a Eugenia Câmara de Bibi Ferreira. Não deu.

Mas aqui está a peça, aqui está o teatro, vivo, cheio de possibilidades, de eternidade.

Aderbal Freire-Filho é diretor de teatro.

cronologia

Inspirada na vida de Castro Alves (1847-71), esta peça teatral tem como personagens algumas personalidades com quem o poeta conviveu, como Rui Barbosa (1849-1923), seu parceiro na criação de uma sociedade abolicionista; Maciel Pinheiro (1839-89), com quem compartilhou valores republicanos; e Eugênia Câmara (1837-74), atriz portuguesa que foi sua grande paixão. Processos históricos fundamentais da segunda metade do século XIX pontuam os diálogos da obra: a Independência do Brasil (1822), a Abolição da Escravatura (1888) e a Proclamação da República (1889).

1912-1919

Jorge Amado nasce em 10 de agosto de 1912, em Itabuna, Bahia. Em 1914, seus pais transferem-se para Ilhéus, onde ele estuda as primeiras letras. Entre 1914 e 1918, trava-se na Europa a Primeira Guerra Mundial. Em 1917, eclode na Rússia a revolução que levaria os comunistas, liderados por Lênin, ao poder.

1920-1925

A Semana de Arte Moderna, em 1922, reúne em São Paulo artistas como Heitor Villa-Lobos, Tarsila do Amaral, Mário e Oswald de Andrade. No mesmo ano, Benito Mussolini é chamado a formar governo na Itália. Na Bahia, em 1923, Jorge Amado escreve uma redação escolar intitulada "O mar"; impressionado, seu professor, o padre Luiz Gonzaga Cabral, passa a lhe emprestar livros de autores portugueses e também de Jonathan Swift, Charles Dickens e Walter Scott. Em 1925, Jorge Amado foge do colégio interno Antônio Vieira, em Salvador, e percorre o sertão baiano rumo à casa do avô paterno, em Sergipe, onde passa "dois meses de maravilhosa vagabundagem".

1926-1930

Em 1926, o Congresso Regionalista, encabeçado por Gilberto Freyre, condena o modernismo paulista por "imitar inovações estrangeiras". Em 1927, ainda aluno do Ginásio Ipiranga, em Salvador, Jorge Amado começa a trabalhar como repórter policial para o *Diário da Bahia* e *O Imparcial* e publica em *A Luva*, revista de Salvador, o texto "Poema ou prosa". Em 1928, José Américo de Almeida lança *A bagaceira*, marco da ficção regionalista do Nordeste, um livro no qual, segundo Jorge Amado, se "falava da realidade rural como ninguém fizera antes". Jorge Amado integra a Academia dos Rebeldes, grupo a favor de "uma arte moderna sem ser modernista". A quebra da bolsa de valores de Nova York, em 1929, catalisa o declínio do ciclo do café no Brasil. Ainda em 1929, Jorge Amado, sob o pseudônimo Y. Karl, publica em *O Jornal* a novela *Lenita*, escrita em parceria com Edson Carneiro e Dias da Costa. O Brasil vê chegar ao fim a política do café com leite, que alternava na presidência da República políticos de São Paulo e Minas Gerais: a Revolução de 1930 destitui Washington Luís e nomeia Getúlio Vargas presidente.

1931-1935

Em 1932, desata-se em São Paulo a Revolução Constitucionalista. Em 1933, Adolf Hitler assume o poder na Alemanha, e Franklin Delano Roosevelt torna-se presidente dos Estados Unidos da América, cargo para o qual seria reeleito em 1936, 1940 e 1944. Ainda em 1933, Jorge Amado se casa com Matilde Garcia Rosa. Em 1934, Getúlio Vargas é eleito por voto indireto presidente da República. De 1931 a 1935, Jorge Amado frequenta a Faculdade Nacional de Direito, no Rio de Janeiro; formado, nunca exercerá a advocacia. Amado identifica-se com o Movimento de 30, do qual faziam parte José Américo de Almeida, Rachel de Queiroz e Graciliano Ramos, entre outros escritores preocupados com questões sociais e com a valorização de particularidades regionais. Em 1933, Gilberto Freyre publica *Casa-grande & senzala*, que marca profundamente a visão de mundo de Jorge Amado. O romancista baiano publica seus primeiros livros: *O país do Carnaval* (1931), *Cacau* (1933) e *Suor* (1934). Em 1935 nasce sua filha Eulália Dalila.

1936-1940

Em 1936, militares rebelam-se contra o governo republicano espanhol e dão início, sob o comando de Francisco Franco, a uma guerra civil que se alongará até 1939. Jorge Amado enfrenta problemas por sua filiação ao Partido Comunista Brasileiro. São dessa época seus livros *Jubiabá* (1935), *Mar morto* (1936) e *Capitães da Areia* (1937). É preso em 1936, acusado de ter participado, um ano antes, da Intentona Comunista, e novamente em 1937, após a instalação do Estado Novo. Em Salvador, seus livros são queimados em praça pública. Em setembro de 1939, as tropas alemãs invadem a Polônia e tem início a Segunda Guerra Mundial. Em 1940, Paris é ocupada pelo Exército alemão. No mesmo ano, Winston Churchill torna-se primeiro-ministro da Grã-Bretanha.

1941-1945

Em 1941, em pleno Estado Novo, Jorge Amado viaja à Argentina e ao Uruguai, onde pesquisa a vida de Luís Carlos Prestes, para escrever a biografia publicada em Buenos Aires, em 1942, sob o título *A vida de Luís Carlos Prestes*, rebatizada mais tarde *O Cavaleiro da Esperança*. De volta ao Brasil, é preso pela terceira vez e enviado a Salvador, sob vigilância. Em junho de 1941, os alemães invadem a União Soviética. Em dezembro, os japoneses bombardeiam a base norte-americana de Pearl Harbor, e os Estados Unidos declaram guerra aos países do Eixo. Em 1942, o Brasil entra na Segunda Guerra Mundial, ao lado dos aliados. Jorge Amado colabora na *Folha da Manhã*, de São Paulo, torna-se chefe de redação do diário *Hoje*, do PCB, e secretário do Instituto Cultural

Brasil-União Soviética. No final desse mesmo ano, volta a colaborar em *O Imparcial*, assinando a coluna "Hora da Guerra", e em 1943 publica, após seis anos de proibição de suas obras, *Terras do sem-fim*. Em 1944, Jorge Amado lança *São Jorge dos Ilhéus*. Separa-se de Matilde Garcia Rosa. Chegam ao fim, em 1945, a Segunda Guerra Mundial e o Estado Novo, com a deposição de Getúlio Vargas. Nesse mesmo ano, Jorge Amado casa-se com a paulistana Zélia Gattai, é eleito deputado federal pelo PCB e publica o guia *Bahia de Todos-os-Santos*. *Terras do sem-fim* é publicado pela editora de Alfred A. Knopf, em Nova York, selando o início de uma amizade com a família Knopf que projetaria sua obra no mundo todo.

1946-1950

Em 1946, Jorge Amado publica *Seara vermelha*. Como deputado, propõe leis que asseguram a liberdade de culto religioso e fortalecem os direitos autorais. Em 1947, seu mandato de deputado é cassado, pouco depois de o PCB ser posto na ilegalidade. No mesmo ano, nasce no Rio de Janeiro João Jorge, o primeiro filho com Zélia Gattai. Em 1948, devido à perseguição política, Jorge Amado exila-se, sozinho, voluntariamente em Paris. Sua casa no Rio de Janeiro é invadida pela polícia, que apreende livros, fotos e documentos. Zélia e João Jorge partem para a Europa, a fim de se juntar ao escritor. Em 1950, morre no Rio de Janeiro a filha mais velha de Jorge Amado, Eulália Dalila. No mesmo ano, Amado e sua família são expulsos da França por causa de sua militância política e passam a residir no castelo da União dos Escritores, na Tchecoslováquia. Viajam pela União Soviética e pela Europa Central, estreitando laços com os regimes socialistas.

1951-1955

Em 1951, Getúlio Vargas volta à presidência, desta vez por eleições diretas. No mesmo ano, Jorge Amado recebe o prêmio Stálin, em Moscou. Nasce sua filha Paloma, em Praga. Em 1952, Jorge Amado volta ao Brasil, fixando-se no Rio de Janeiro. O escritor e seus livros são proibidos de entrar nos Estados Unidos durante o período do macarthismo. Em 1954, Getúlio Vargas se suicida. No mesmo ano, Jorge Amado é eleito presidente da Associação Brasileira de Escritores e publica *Os subterrâneos da liberdade*. Afasta-se da militância comunista.

1956-1960

Em 1956, Juscelino Kubitschek assume a presidência da República. Em fevereiro, Nikita Khruchióv denuncia Stálin no 20º Congresso do Partido Comunista da União Soviética. Jorge Amado se desliga do PCB. Em 1957, a União Soviética lança ao espaço o primeiro satélite artificial, o *Sputnik*. Surge, na música popular, a Bossa Nova, com João Gilberto, Nara Leão, Antonio Carlos

Jobim e Vinicius de Moraes. A publicação de *Gabriela, cravo e canela*, em 1958, rende vários prêmios ao escritor. O romance inaugura uma nova fase na obra de Jorge Amado, pautada pela discussão da mestiçagem e do sincretismo. Em 1959, começa a Guerra do Vietnã. Jorge Amado recebe o título de obá Arolu no Axé Opô Afonjá. Embora fosse um "materialista convicto", admirava o candomblé, que considerava uma religião "alegre e sem pecado". Em 1960, inaugura-se a nova capital federal, Brasília.

1961-1965

Em 1961, Jânio Quadros assume a presidência do Brasil, mas renuncia em agosto, sendo sucedido por João Goulart. Yuri Gagarin realiza na nave espacial *Vostok* o primeiro voo orbital tripulado em torno da Terra. Jorge Amado vende os direitos de filmagem de *Gabriela, cravo e canela* para a Metro-Goldwyn-Mayer, o que lhe permite construir a casa do Rio Vermelho, em Salvador, onde residirá com a família de 1963 até sua morte. Ainda em 1961, é eleito para a cadeira 23 da Academia Brasileira de Letras. No mesmo ano, publica *Os velhos marinheiros*, composto pela novela *A morte e a morte de Quincas Berro Dágua* e pelo romance *O capitão-de-longo-curso*. Em 1963, o presidente dos Estados Unidos, John Kennedy, é assassinado. O Cinema Novo retrata a realidade nordestina em filmes como *Vidas secas* (1963), de Nelson Pereira dos Santos, e *Deus e o diabo na terra do sol* (1964), de Glauber Rocha. Em 1964, João Goulart é destituído por um golpe e Humberto Castelo Branco assume a presidência da República, dando início a uma ditadura militar que irá durar duas décadas. No mesmo ano, Jorge Amado publica *Os pastores da noite*.

1966-1970

Em 1968, o Ato Institucional nº 5 restringe as liberdades civis e a vida política. Em Paris, estudantes e jovens operários levantam-se nas ruas sob o lema "É proibido proibir!". Na Bahia, floresce, na música popular, o tropicalismo, encabeçado por Caetano Veloso, Gilberto Gil, Torquato Neto e Tom Zé. Em 1966, Jorge Amado publica *Dona Flor e seus dois maridos* e, em 1969, *Tenda dos Milagres*. Nesse último ano, o astronauta norte-americano Neil Armstrong torna-se o primeiro homem a pisar na Lua.

1971-1975

Em 1971, Jorge Amado é convidado a acompanhar um curso sobre sua obra na Universidade da Pensilvânia, nos Estados Unidos. Em 1972, publica *Tereza Batista cansada de guerra* e é homenageado pela Escola de Samba Lins Imperial, de São Paulo, que desfila com o tema "Bahia de Jorge Amado". Em 1973, a rápida subida do preço do petróleo abala a economia mundial. Em 1975, *Gabriela, cravo e canela* inspira novela da TV Globo, com Sônia Braga no papel principal, e estreia o filme *Os pastores da noite*, dirigido por Marcel Camus.

1976-1980

Em 1977, Jorge Amado recebe o título de sócio benemérito do Afoxé Filhos de Gandhy, em Salvador. Nesse mesmo ano, estreia o filme de Nelson Pereira dos Santos inspirado em *Tenda dos Milagres*. Em 1978, o presidente Ernesto Geisel anula o AI-5 e reinstaura o *habeas corpus*. Em 1979, o presidente João Baptista Figueiredo anistia os presos e exilados políticos e restabelece o pluripartidarismo. Ainda em 1979, estreia o longa-metragem *Dona Flor e seus dois maridos*, dirigido por Bruno Barreto. São dessa época os livros *Tieta do Agreste* (1977), *Farda, fardão, camisola de dormir* (1979) e *O gato malhado e a andorinha Sinhá* (1976), escrito em 1948, em Paris, como um presente para o filho.

1981-1985

A partir de 1983, Jorge Amado e Zélia Gattai passam a morar uma parte do ano em Paris e outra no Brasil — o outono parisiense é a estação do ano preferida por Jorge Amado, e, na Bahia, ele não consegue mais encontrar a tranquilidade de que necessita para escrever. Cresce no Brasil o movimento das Diretas Já. Em 1984, Jorge Amado publica *Tocaia Grande*. Em 1985, Tancredo Neves é eleito presidente do Brasil, por votação indireta, mas morre antes de tomar posse. Assume a presidência José Sarney.

1986-1990

Em 1987, é inaugurada em Salvador a Fundação Casa de Jorge Amado, marcando o início de uma grande reforma do Pelourinho. Em 1988, a Escola de Samba Vai-Vai é campeã do Carnaval, em São Paulo, com o enredo "Amado Jorge: A história de uma raça brasileira". No mesmo ano, é promulgada nova Constituição brasileira. Jorge Amado publica *O sumiço da santa*. Em 1989, cai o Muro de Berlim.

1991-1995

Em 1992, Fernando Collor de Mello, o primeiro presidente eleito por voto direto depois de 1964, renuncia ao cargo durante um processo de *impeachment*. Itamar Franco assume a presidência. No mesmo ano, dissolve-se a União Soviética. Jorge Amado preside o 14º Festival Cultural de Asylah, no Marrocos, intitulado "Mestiçagem, o exemplo do Brasil", e participa do Fórum Mundial das Artes, em Veneza. Em 1992, lança dois livros: *Navegação de cabotagem* e *A descoberta da América pelos turcos*. Em 1994, depois de vencer as Copas de 1958, 1962 e 1970, o Brasil é tetracampeão de futebol. Em 1995, Fernando Henrique Cardoso assume a presidência da República, para a qual seria reeleito em 1998. No mesmo ano, Jorge Amado recebe o prêmio Camões.

1996-2000

Em 1996, alguns anos depois de um enfarte e da perda da visão central, Jorge Amado sofre um edema pulmonar em Paris. Em 1998, é o convidado de honra do 18º Salão do Livro de Paris, cujo tema é o Brasil, e recebe o título de doutor *honoris causa* da Sorbonne Nouvelle e da Universidade Moderna de Lisboa. Em Salvador, termina a fase principal de restauração do Pelourinho, cujas praças e largos recebem nomes de personagens de Jorge Amado.

2001

Após sucessivas internações, Jorge Amado morre em 6 de agosto de 2001.

"Na estreia do *Gonzaga*, onde Eugênia faz o papel de Marília e onde desfilam os conspiradores da Inconfidência Mineira sonhando liberdade para o Brasil, os estudantes coroam de louros o poeta e carregam-no em triunfo."
(Jorge Amado, *O amor do soldado*)

INSTITUTO HISTÓRICO E GEOGRÁFICO DE SÃO PAULO

~~Duas irmãs~~ [illegible]....
Minhas irmãs... são belas... são ditosas
Dorme a Asia nas sombras voluptuosas
Dos ~~[illegible]~~ harems do sultão
~~Mesa ornada de [illegible] e brilhantes~~
~~Sobre~~ Lá no dorso dos brancos elephantes...
Embala-se coberta de brilhantes
Nas plagas do Indostão...

Por tenda tem os cimos do Hymalaia
O Ganges amoroso beija a praia
Da ~~[illegible]~~ Coberta de corais...
A brisa de M[illegible] o [illegible] inflama...
~~[illegible]~~ pagodes phantasticos de Brahma...
Ella dorme ~~[illegible]~~ nos templos de deus
Pagodes colossaes —

Europa! é sempre Europa a gloriosa...
A mulher deslumbrante e caprichosa
Rainha e cortezã...
~~Artista é como [illegible]~~
Artista corta o marmor de Carrara...
Poetisa... vibra a lyra de Ferrara...
No glorioso afan.

~~Sempre [illegible] lhe~~ litigio

~~Livre~~...
Sempre a laurea lhe cabe no litigio...
Ora uma c'roa, ora o barrete phrygio...
Enflora-lhe a cerviz...
~~Tem por amante o mundo~~....
E o mundo e a gloria e o ceo doudos amantes
Seguem presos os passos delirantes
Da grande Meretriz...
O universo após ella
E o universo inteiro é doudo amante
Que segue captivo o passo delirante
Da grande Meretriz

Manuscrito do poema "O gondoleiro do amor", escrito para Eugênia Câmara em 1867. A direita, manuscrito de "Vozes d'África", poema escrito em 1868. Castro Alves recita-o num sarau, evento que no livro de Jorge Amado é apresentado como o estopim da separação do casal

EXPOSIÇÃO DO CENTENÁRIO DO NASCIMENTO DE CASTRO ALVES, RIO DE JANEIRO, INL, 1958

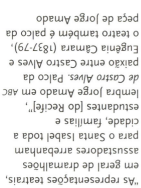

"As representações teatrais, em geral de dramalhões assustadores arrebanham para o Santa Isabel toda a cidade, famílias e estudantes [do Recife]", lembra Jorge Amado em ABC de Castro Alves. Palco da paixão entre Castro Alves e Eugênia Câmara (1837-79), o teatro também é palco da peça de Jorge Amado

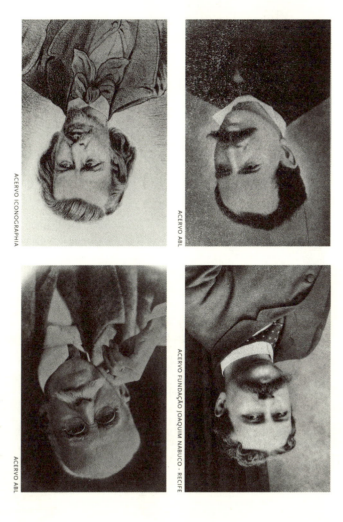

Castro Alves contracenou com personagens fundamentais da história brasileira: Joaquim Nabuco (1849-1910), Rui Barbosa (1849-1923), Tobias Barreto (1939-1889) e Fagundes Varela (1841-1875)

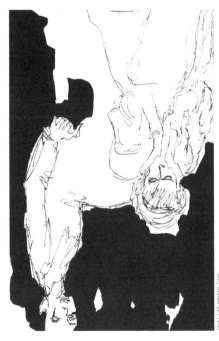

Ilustrações da artista carioca Anna Letycia para a edição de 1987

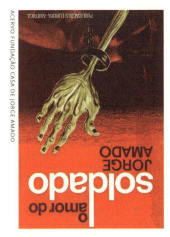

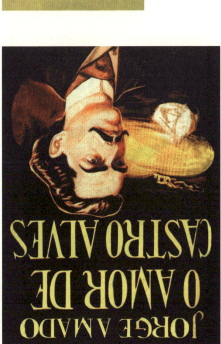

O nome de Castro Alves, que aparecia na primeira edição (1947, Editora do Povo), foi substituído na reedição da Livraria Martins (1958, com capa de Clóvis Graciano). O livro também foi lançado com esse título em Portugal, 1974.

O soldado-poeta
Castro Alves (1847-1871)

IN CASTRO ALVES: POESIA E BIOGRAFIA. PROJETO MEMÓRIA 1997. CORTESIA ODEBRECHT